我所知道的

四二四事件

黃文雄於1970年4月24日開槍打到的布拉薩旅館旋轉門。右下角左邊是鄭自才當時的律師雷比露斯，右邊是作者陳榮成。

本書獻給：

二二八事變受難家屬，
及白色恐怖時代受難家屬和親友。

目次

附錄

巴西之行和兩枝手槍

擔任聯盟海外聯絡工作

　　1966年6月，全美台灣獨立聯盟於費城成立，設立執行委員會及中央委員會，由陳以德出任第一屆執行委員主席並兼外交，周烒明當中央委員會委員長，由張燦鍙及賴文雄負責組織部工作。所有地區的負責人，分別是劉伯信（東部），林台（中北部），游雄二（西部），許正義（中南部）；許正義也和徬徨、李騰俊負責出版。由於不便出示眞實姓名，陳以德替我命名爲「許正義」。

　　徬徨是田弘茂，他曾受阿扁總統任命，擔任過外交部長及駐英大使。李騰俊原名利騰俊，他是客家族留日的後裔，從未涉足台灣，在威斯康辛大學麥迪遜校區被感召。利騰俊的妻子是美國路易斯安那州的人，他們在紐奧良附近的 Donaldsonville 結婚時，我很榮幸當他的伴郎。利騰俊後來於香港過世。

　　徬徨、李騰俊及我負責出版 *Formosa Quarterly*，用英文編輯，主要對象是同情台灣的美國人或國際人士。

　　文宣工作是早期獨立運動在北美洲最重要的任務之一，宣傳的內容著重台灣人要求透過國際上的援助，來行使其民族自決的權利，同時也向美國人及世界各國表明台灣人獨立建國的強烈願望。我也常常投稿 *FORMOSA Gram*，此通訊是台灣獨立聯盟(Formosans for Independence)的英文刊物，1966年7月改為中文的《台灣通訊》，由羅福全著手發行。

　　陳以德搬到俄亥俄州後，漸漸把棒子交出來，所以全美台灣獨立聯盟的第二任主席由王人紀出掌，在他的任期內，他積極募款，不但將積欠印刷的債還清，還剩下不少活動基金，這是他最大的貢獻。過去台獨團體往往債台高築，構成政治活動阻礙。

　　王人紀是台南市人，家族經營紡織業。他於台南一中畢業時，和盧主義同時趕上未服役高中畢業生被准許出國留學的特別列車，相傳這是陳誠為提早送其子陳履安到美國讀書而修改的留學法令。

　　王人紀畢業於堪薩斯曼哈頓州立大學，他於1989年因鼻咽癌過世。我在他去世前的幾個月，特別到奧克拉荷馬州(Oklahoma)的 Tulsa 拜訪他。當我在奧大時，他已有頭路，夫婦倆對我們一群奧大的台灣留學生招待得無微不至。

　　1969年7月4日，全美台灣獨立聯盟於芝加哥附近召開

第二屆盟員大會，並改選第三任主席。張燦鍙、羅福全及我等人支持蔡同榮出來當主席，而王秋森等人則支持專職人員賴文雄，結果蔡同榮高票當選。張燦鍙及陳隆志二人當副主席，陳隆志又兼外交部長，鄭自才為執行祕書。聯盟的海外聯絡職責則由我承擔。

　　海外聯絡組掌管聯絡日本、台灣、巴西、歐洲及加拿大，在我手下的工作人員有莊秋雄、邱義昌及蔡武雄等人，我們利用船員挾帶禁書回台，如《蔣經國竊國記》及陳隆志的《台灣獨立與建國》，發給島內盟員傳閱，或投入郵筒，對象是將吸收為盟員的大學畢業生。

　　聯盟的島內工作，我認為紙上談兵效率不大，一定要

蔡同榮　（台灣獨立建國聯盟提供）

有實際行動。剛好我所任教的大學派我到 Fort Polk 的美國陸軍軍營教課。我的學生中，有一位當過越南特工隊士官長，他常常於課餘吹牛，講起當年在越南如何訓練游擊隊。我總在洗耳恭聽時，沉醉於自己的空中樓閣。

我要求那位士官長影印如何製造炸彈、炸藥等資料給我，後來這些材料被聯盟編為自衛手冊。

我深信蔣家政權必亡，但時任行政院副院長的蔣經國一定會自升為總統。斬草除根的方法，只有讓蔣經國消失，他就不能高高在上，欺壓台灣人。但談何容易？今雖有專家可以訓練槍手，但槍手在何處？來美的留學生都非常斯文、很規矩、又有家累。我自己是黑名單榜上人物，動彈不得。我左思右想，想不通，最後決定先購置兩枝手槍，做為訓練的工具，至於槍手，我被建議到巴西尋找。

張燦鍙（台灣獨立建國聯盟提供）

在1969年學校放3個月暑假時，蔡同榮和張燦鍙請我到洛杉磯，從那裡再搭機飛往巴西的聖保羅，我利用那段時間，尋找適合的人選，出差的旅費由聯盟支付。

1960年代，台灣人約

有3萬至5萬人移民巴西，在人數上可說是獨立聯盟吸收盟員的好地方。我是台灣獨立聯盟第一位涉足巴西的盟員，在巴西45天中，結識許多關心台灣前途的各色人物，並組成巴西的台灣獨立聯盟，周叔夜擔任第一屆主席，他後來變成張燦鍙的左右手。

　　我找到6位認為台灣應獨立的年輕人，志願來美國受訓。但龐大經費不是聯盟所能負荷，所以一直在畫餅充飢的階段。

　　1960年代，要吸收新盟員比登天還難，也曾聽到一些氣餒的事，譬如，有些留學生接到《台灣通訊》，不敢摸它，要用筷子撿起來，把它丟入垃圾箱，我常常暴跳如雷。當時我是血氣方剛的年輕小伙子，完全憑著對台灣的愛心，貢獻我的精力、時光及金錢，對於膽小如鼠的台灣來的留學生，很想面對面說服他們，但想到自己的職責是海外聯絡，也就專心於運作台灣盟員調查蔣經國的日常行動。

　　我一直認為，要去掉白色恐怖劊子手蔣經國，應該在他執行白色恐怖的地點被處置。我

巴西台灣獨立聯盟第一屆主席周叔夜
(台灣獨立建國聯盟提供)

NAME	RONG C. CHEN
	REGISTRATION NUMBER A 13 026 519
ADDRESS IN U.S.	511 HANCOCK AVENUE, NATCHITOCHES, LOUISIANA 71457
DATE OF BIRTH	JANUARY 10, 1937
COUNTRY OF BIRTH	CHINA (FORMOSA)
COUNTRY OF NATIONALITY	CHINA
EYES	BROWN
HAIR	BLACK
HEIGHT	5 FEET 8 INCHES
VISIBLE SCARS AND MARKS	NONE

VALIDITY OF PERMIT

PERMIT EXPIRES	VALIDITY EXTENDED TO	VALIDITY EXTENDED TO
JULY 29, 1971		
DATE AND LOCATION OF ISSUING OFFICE	DATE AND LOCATION OF OFFICE	DATE AND LOCATION OF OFFICE
JULY 29 1970/NOL		
District Director	SIGNATURE REVALIDATING OFFICER	SIGNATURE REVALIDATING OFFICER

PHOTOGRAPH

RESTRICTIONS

VALID FOR
☐ ONE ENTRY ONLY
☒ MULTIPLE ENTRIES

This document is not valid for return to the United States after a temporary absence which involves travel to, in or through any of the following countries unless this restriction is specifically waived with regard to any such country or countries by indorsement hereon:

Albania
Bulgaria
Communist portions of: China
Cuba
Czechoslovakia
Estonia
Hungary
Latvia
Lithuania
Outer Mongolia
Poland
Rumania
Soviet Zone of Germany ("German Democratic Republic")
Union of Soviet Socialist Republics
Yugoslavia

The above restriction is waived as to the following:
NONE

Troy A. Adams, Jr.
District Director

當時作者沒有美國護照，向美國申請在籍白皮書。

堅信這觀念，40幾年來，仍未改變。

購買槍彈及交予鄭自才

　　1970年初，我接到組織撥給我一批海外活動費用，2月28日，我在離我住處70英哩處的 Shreveport (路州的第二大城)購買一枝 Black .25 Caliber Automatic 貝瑞塔(Beretta) 短槍及子彈一盒(50粒)，登記號碼爲G42964。同年3月2日，我又在我住的小城的 Gibson Discount Store 再購買點22 Caliber Beretta 短槍及子彈一盒(50粒)，登記號碼爲#39445。

　　從1970年至今(2014年)，在美國西部及南部，擁有槍枝是很正常且普遍性的，甚至有人擁有手榴彈和機關槍。

　　我將購買這兩枝手槍的事告知蔡同榮，所以聯盟內只有蔡同榮知道我有兩枝手槍。

　　我住的小城有個天然靶場，週末我就和同事大衛密爾 David Milner 拿那兩枝手槍去練習射擊。大衛和我都任教於路州西北州立大學政治系，我常常跟他談到我的台灣獨立活動，他很同情我的立場。我們倆的週末射擊活動，增加彼此的認識，因而變成至交。

　　1970年3月，我接到蔡同榮的電話，提及蔣經國將訪美，暗示我應該有所行動。我甚爲反對，因爲時機、行動人員都不成熟，我並不贊成在美國做任何違法的舉動。

　　不久之後，蔡同榮要求我交出當初所負責的海外聯絡

組工作(包括台灣、日本、歐洲、加拿大發展秘密盟員事宜)。

　　當時蔡同榮所要求的，我大部分都已交回總部，除了兩枝槍和台灣島內工作還未交出。

　　1970年4月初，鄭自才來電，說他將承接海外組織部的任務，要我交回所有的文件，包括這兩枝聯盟出錢購買的手槍。很明顯地，蔡同榮有向鄭自才提到我有兩枝手槍，因為聯盟只有蔡同榮知道此事。

　　1970年4月17日，我乘坐 Delta Airlines 到紐約，鄭自才到機場接我，當晚我睡在他家的客廳，我將所有的文件及兩枝手槍交給他，反覆叮嚀他，這兩枝手槍有登記在案，主要做練習用。我示範手槍的用法，同時交出一盒30粒子彈、一盒40粒子彈。我4月19日回路州，告別我熟悉的那兩枝手槍。

　　回路州後，我一直沒有跟鄭自才聯絡，也沒有得到任何消息。我是在電視上看到刺蔣新聞的。

　　4月29日，大女兒素亞(Sonya)出生，5月初，那位424當天抓住黃文雄的紐約市警局探員詹姆士(James Ziede)，由路州警察陪同到我的辦公室找我，我才知道鄭自才完全沒聽我的警告，竟然用有登記的手槍作案。詹姆士對我非常客氣，要我和他一起到紐約，他說若我不服從，他可以用手銬押我上飛機。

　　匆匆忙忙告別剛生產的妻子和初生的女兒，我一直沒讓太太知悉我捲入自己一點也「不知影」的刺蔣案，直到當年感恩節，我請在這所大學念書的台灣留學生來家裡聚

餐，她才從他們口中知悉刺蔣行動中的手槍是登記我的名字，雖然它的實際所有權是聯盟。

鄭自才後來聲稱，是他作出決定後才通知我去準備手槍，這是片面之詞。我繳出兩枝手槍，因它是聯盟出錢購買的，我當然沒有權利佔有，特別是我的職責已被拔除。

在大陪審團及法院作證時，我說我不記得這兩枝手槍的購買日期，其實副檢察官法利斯(Stephen J. Fallis)已查得一清二楚，也查出鄭自才於1970年2月11日寄給我一張300元的支票，問我是不是購槍的費用，我完全否認。

鄭自才當時的太太黃晴美作證時，說4月24日當晚，她從法院回家後，帶另外一枝槍，沿Woodhaven Boulevard行駛，看到較深的河，就把該槍丟下去。

但是在2008年2月24日，我接到黃再添的email，如下：

陳教授，您好！

　　心儀數十年，無緣相識。先自我介紹：我是黃再添，1974年讀U. of Minn.時參加台獨聯盟，1979年當fulltime，後來和洪哲勝等退出聯盟。現在是DPP美東黨部的黨員。

　1.您在2月20日《太平洋時報》的訪談結尾中有提到當初付出代價太高，包括提供抵押品的多數家庭。但據葉國勢的太太說，抵押品都成功賣掉了。希望您的新書可以把這件事說明一下。

2.賴文雄10多年前從紐約搬回台灣以前，曾經交
　給我一把手槍，說是和424有關。可惜後來被我
　的一位德國朋友借去，然後他說被人偷走了。
　讓您知道有發生過這件事。

弟再添敬上

#
「四二四」當天，
及鄭自才在警局的談話

胞弟的回憶

2004年9月25日，我於清晨一點抵達胞弟榮仁的紐約住處。他是1963年去明尼蘇達州的大學讀書，畢業後到加拿大就業。

胞弟說及1970年他剛到紐約市，接到蔡同榮先生的電話，請他4月24日到中央公園附近的布拉薩旅館(Plaza Hotel)前，參加蔣經國來美的示威活動。當時我們的朋友黃師銘先生也接到電話，但黃先生有事，所以比較晚到。布拉薩旅館座落於紐約市第五大道768號。

據胞弟的回憶，示威的那一天，擔任「全美台灣獨立聯盟」主席的蔡同榮，不見人影。那天差不多有50幾個人參加，大家戴面具及太陽眼鏡，由於他剛從加拿大到紐

Plaza Hotel 和 Grand Army plaza 位置圖

布拉薩旅館旋轉門，攝於2004年9月25日

約，正準備到哥倫比亞大學讀書，所以不認識其他到場的台灣人。

他和他的太太在布拉薩旅館對面的小公園(Grand Army Plaza，位於58th and 59th Street)示威時，看到三輛轎車駛來，蔣經國坐在中間的那輛，下車後，蔣經國和一些人握手，然後走上台階，正要從旋轉門進入旅館時，一位穿風衣的人也跑上台階，他舉起槍，還未瞄準，就已被紐約市警局探員詹姆斯抓住手。日後，國民黨就是因為這個原因，邀請詹姆斯到台灣，算是感謝他救了蔣經國一命。

據當時在場的人士說，現場亂成一團，蔣經國四腳朝天，他身邊的隨扈也作鳥獸散，並不像中央日報所描寫的：他非常鎮定，無所驚慌。

當時黃文雄(32歲)開槍，子彈掠過蔣經國頭上20公分處，射在旋轉門玻璃上。胞弟榮仁在加拿大時，常去打獵，所以知道那是槍聲，不是放鞭炮，他立刻離開現場。他和他的太太只出現十幾分鐘。

另外還有誰在示威現場呢？據葉國勢的太太李麗貞在《咱的故事》(楊遠薰著)提到，1970年4月24日蔣經國抵達紐約時，她和一些朋友都到布拉薩旅館前示威，當天飄著雨，她走在遊行隊伍中間，忽然聽到「砰」的一聲，並不明白發生什麼事，後來才知道發生了「刺蔣事件」。

張啓典的424見聞

　　我於2008年4月13日到波士頓訪問張啓典博士。他就是日後主張黃文雄要離開美國的那群人之一，也是帶黃文雄離開美國的人。

　　他說他打電話要波士頓的台灣同鄉和他一起到紐約示威，結果那天只有鄭英明和他去。鄭先生算是勇敢的一位。

　　當啓典看到黃文雄被壓在地上，他走過去詢問，沒有結果。他也趕到警察局想見黃文雄，結果被拒。過了一星期，他到拘留所，偷偷地問黃文雄，黃文雄告訴啓典，他根本不會開槍，而且他在被盤問時，說出槍是鄭自才的，他擔心鄭自才可能也會被控訴。

　　我則是於當天下午5點，在電視上看到刺殺蔣經國的頭條新聞，當時不知該槍手是誰？也看到鄭自才被捕，想不通為什麼鄭自才會被捕，他接近現場要做什麼？

　　據聞，蔡同榮於當天早上10點半左右，載鄭自才、黃文雄及黃晴美到布拉薩旅館後，就離開現場，直接回家，然後整天都在家看電視報導，日後他在作證時，也都說他事先不知道他們的計劃，推得一乾二淨(deniability)。

鄭自才被捕

鄭自才原先是在示威群眾中發傳單，看到轎車來了，他想趨近，但被兩位便衣警察推回原位。

當便衣警察走開後，鄭自才又接近到能看到蔣經國下車處，此時大約中午12點5分，鄭自才兩手仍握有宣傳單，當他聽到喧鬧聲(loud noise)，想靠近搏鬥的人群。他在離旋轉門6、7英呎處看到黃文雄伏地，警員約翰(John J. O'Reilly)看到鄭自才手拿傳單，又不停地喊叫，所以先抓住鄭自才，另一警員史托姆(Storms)在鄭自才的右方，也抓住他，並將他銬上手銬。

根據捉住鄭自才的約翰的說詞，會捉住鄭自才，是因為鄭自才凝視旋轉門，做怪動作，並在大聲喊叫著：「蔣介石混蛋，台灣萬歲。」(當然約翰不知道他在喊什麼)

史托姆用警棍把鄭自才打得眼鏡破碎，頭部流血。後來又來了二位警員，鄭自才被壓制在地毯上，他共遭四名警察抓住，其中一位叫凱利(Kiely)，他發覺鄭的前額流血，乃呼叫救護車至警察局接他。

黃文雄已先被帶到警車內，正要開走時，車子又被攔下，不久鄭自才也被送入該車，他們被帶到第十八警察所。因為鄭自才頭部流血，所以立刻轉送到醫院(St. Clare's Hospital)，鄭的頭部被縫了6、7針後，又送回警察所。

在急診室時，鄭自才就趁機把口袋內帶著的一顆子彈

丟棄在醫院人員所推的垃圾車中，這顆子彈就是當初他去槍店購買子彈時的樣品。

我猜想，假若當初鄭自才沒有及時處理掉這顆子彈，他可能一下子就會被人贓俱獲，並連結到預謀刺蔣事件。

飛蛾撲火

在聯盟的雜誌《共和國》55期第24頁(2007年7月)，鄭自才承認，「看到黃文雄被制伏於地，我就走過去，我若無過去，我可能 ma 無代誌。」

當初我也那麼想！但翻閱法院證詞，鄭自才在警察所喝完咖啡，吃了三明治後，他和詹姆斯的談話，比「杯酒釋兵權」還糟糕。

一般大眾對四二四事件的看法，皆是鄭自才會被捉，是因為他在當場跳出來要幫忙黃文雄，其實，由目擊者和在庭上作證的警察說，他距離黃文雄被制伏處6-7英呎遠，因為嘴上唸唸有詞，又做出一些怪動作，所以引起警察的注意，到了槍聲作響，警察不得不捉住他。所以鄭自才的被捉，應該說是自找麻煩，主動送上門。

紐約市警局探員詹姆斯在事件發生後，沒有馬上離開現場，下午一點，他直接到第十八警察所。

大約下午4點，詹姆斯開始偵訊鄭自才。鄭自才告訴他，他於11點半和他的妻子到布拉薩旅館，黃文雄是自己去的。

　　當時只有詹姆斯獨自訊問鄭自才。詹姆斯的助手亨利(Henry Suarez)在場傾聽(這是日後控訴鄭自才的佐證，雖然當時並沒有請鄭自才簽名)。

　　大約被訊問了20分鐘左右，鄭自才才意識到他的律師未在場，雖然他在出急診室時已要求律師在場，但律師卻直到6點才抵達，在律師未到場時的這段談話，鄭自才自己已全盤托出：

　　1. 承認謀殺蔣經國是他個人設計。

　　2. 自認非法擁有槍枝。

　　3. 籌劃一切行動。

　　日後，在法院作證時，鄭自才推翻和詹姆斯在警察所的對談，一筆勾消以前自己所說的供詞。辯護人雷律師（Victor Rabinowitz）也辯說，鄭自才頭破血流，頭昏腦脹，身體不舒服，所以不知有否被訊問。但詹姆斯辯駁，鄭自才當時並沒有抱怨。

　　當年在警局，詹姆斯是在有錄音的環境下問筆錄的。日後在法庭，此錄音記錄常被提到。

　　1971年法院開庭時，鄭自才不僅否認當時的證詞，還說他從未和詹姆斯在下午4時到8時之間談過話。

　　然而，讓鄭自才無所遁形的是，424當天，ABC(American Broadcasting Company)的攝影師 Elliot Harold Butler 在蔣經國到達前20分鐘碰到鄭自才，鄭自才遞給他傳單，並說歡迎他拍照。所以他走到對街示威的群眾中，當時下雨，示威者陸續前來，有些人並不太願意被照到，所以他

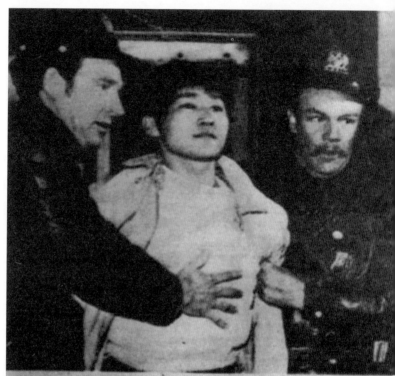

Police seized these two men after shot was fire

2 Arrested A

NEW YORK (AP) — Two men dashed from a small knot of street demonstrators Friday, and one of them fired a single shot at Chiang Ching-kuo, son and heir apparent of Generalissimo Chiang Kai-shek, president of Nationalist China. His aim was deflected by a security man at the last moment, and the gunman missed his mark.

Police subdued the pair on the steps of the Plaza Hotel as Chiang proceeded on to a luncheon inside. The two were injured during their seizure and taken to a hospital. Police inspector William

刺蔣事件的新聞。左為黃文雄，右為鄭自才　(台灣獨立建國聯盟提供)

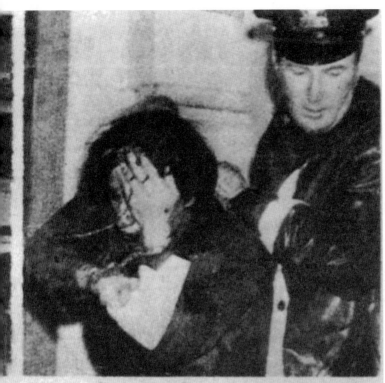

ng Ching-kuo Friday in New York City.

r Shooting

did any of the other speakers at the luncheon.

Chiang said the importance of Nationalist China's role in the Far East was "not only an obstacle to Communist aggression but also an alternative to Chinese Communism itself and to the Peiping regime's possession of the Chinese mainland."

In Washington, President Nixon was described as "shocked" by the assassination attempt.

Chiang, on a 10-day state visit to the

斷斷續續大約只照了10分鐘。

　　他於蔣經國到達前5分鐘回到 Plaza Hotel 的門口拍照，蔣經國下車走上台階，離旋轉門幾步時，他聽到槍聲，他拍攝搏鬥的場面約2、3分鐘，也因此，法利斯傳喚他，請他拿影片來法院作證，其中有許多鏡頭，鄭自才和黃文雄喊相同的口號，兩人的交談也都被照下來，因此法利斯在法庭堅決證明，鄭自才涉嫌其中。

布拉薩旅館門口，攝於2004年9月25日

筆者攝於布拉薩旅館，2004年9月25日

Grand Army Plaza，2004年9月25日攝

聯盟的善後處理和保釋金

聯盟的聲明及部分盟員的離開

　　刺蔣事件發生後，當晚聯盟立刻由負責外交的陳隆志向外界發表書面聲明，表示「四二四」案件純屬個人行為，絕非聯盟團體採取的行動；聯盟堅決反對暴力。

　　這個聲明有正負效果，正面效果是解除蔣介石爪牙：領事館對美國當局的壓力，美國無法指稱聯盟是一個非法暴力團體，減少聯盟存在的危機。當時領事館刻意宣揚中共為幕後主使者。

　　負面的結果是，引起同情鄭、黃的盟員如賴文雄、王秋森、張文祺等人的不滿。他們及鄭自才本身都認為：以聯盟的名義來承擔這個案件，是對外宣傳的好時機，縱使聯盟被解散，仍可重張旗鼓。

　　這批人先後離開聯盟，一直沒歸隊，甚至在公私場合，賴文雄也經常大言不慚，要打倒台獨聯盟。

關於手槍的證詞

案發後，為了保護聯盟及盟員，負責會計的賓州大學(U.P.)博士邱坤勝，將帳簿上所有的實際姓名都化成假名，但募捐錢額沒變，以維持真實性。在帳目內，他刪除我報帳的詳細表，只有錢額，他交給檢察官辦公室的是重抄過的帳簿，以此證明槍枝不是聯盟買的。

很湊巧的是，FBI有到邱坤勝位於 Upstate Pekskill 的家中訪查，而這裡也是鄭自才後來購買子彈的同一個城市。

所以，當法利斯(Fallis)副檢察官詢問我，關於該年二月，聯盟寄給我300元，三月又寄給我500元，是否和購槍有關，我堅決否認。法利斯副檢察官算是非常仁慈，他沒有追究我在大陪審團(Grand Jury)承認手槍是用聯盟的錢購買的，否則我的證詞也有破綻，會連累到聯盟。

蔡同榮也趕快授意黃師銘（附記）燒毀有關他和我談及巴西之行、購買手槍等文件，當然他也毀掉和鄭自才談論的所有文件。

法院證詞第772頁，鄭自才說他打電話給我之前，並沒有打給任何人，所以法利斯副檢察官說：鄭自才要陪審團相信他聯絡的第一人恰巧有槍，那真是太湊巧了。

事實上，蔡同榮曾告訴鄭自才我有槍，在我繳槍給鄭自才後，蔡同榮悄悄問我：「這顆鄭自才，不知能否說服

附記

　　黃師銘是我的至交，從小學到現在，我們都保持密切的聯絡，其堂兄黃師廉是我的小學數學老師，早年留學日本，參加日共。二二八事件後被抓，罪名為參加共產黨，師廉一直不招出其他的黨員，於1950年11月30日被槍決。我的其他小學老師，陳清度、張碧江等，遭判決15年有期徒刑。

　　清度老師是道地中國共產黨信服者，逝世前還特別要求「出喪」時，要唱中共「義勇軍進行曲」，可說至死不悔，真正的 true believer！

1995年10月筆者和陳清度老師攝於朴子國民學校

黃文雄去做這件事？」我跟他說：「我不知也。」還好，鄭自才和我都沒說出蔡同榮知道我有槍，所以蔡同榮到大陪審團作證，可以否認他知道這回事。

蔡同榮直到2007年接受訪問，在《共和國》雜誌第54期第21頁(2007年5月)，說明刺蔣事件是經過組織內部商量，不是臨時起意的，這是事實。他所說的組織內部商量，只指核心人物，當然他們不會在正式會議中討論到刺蔣行動。

鄭自才的高額保釋金

有一天跟老呂談話，他叫苦連天，抱怨他唯一的兒子參加示威，被警察打得差一點骨折，坐牢一晚，罰金700元美金。這少年人身無分文，只好打電話向老爸求助。阿爸心疼小孩，急忙匯錢給他。我向老呂開玩笑，告訴他，這算是很便宜了。

我不禁想起1970年，鄭自才只帶示威活動的宣傳單，根本沒攜帶手槍，為什麼被罰那麼高額的保釋金？本來鄭自才的保釋金是10萬美金，經律師的要求，法官宣判鄭自才的保釋金減低為9萬美金。當時，當大學副教授的我也只不過年薪7千6百美金，我剛好購了一棟1,600平方英呎的新房子，價格是2萬3千5百元美金，這9萬元的保釋金，誠如張燦鍙所說，真是天文數字。若以美國 Medicare Premium(醫療保險保費)來比，當年每月僅交付美金$5.50，

2008年每月要交付美金$96.40，漲價17.53倍，所以1970年的9萬元，最少是2008年的158萬美金。

後來我查閱證詞第871頁，原來鄭自才4月24日由醫院回押警察所後，警探詹姆斯下午4時詢問他，他全盤托出，詹姆斯乃向副檢察官史提芬‧法利斯暗示：鄭自才是企圖謀殺的主謀者，怪不得法院要求他的保釋金和持槍的黃文雄同額。

張燦鍙在《八千哩路自由長征》第67頁提到，為了救援鄭自才及黃文雄，他提議每位中央委員先交1千元美金，再對外募捐。當時，蔡同榮擔任聯盟主席，表示他自己沒有辦法當場作決定，要回去問他太太再說。此話一出，大家都感到非常錯愕，雖然最後蔡同榮還是把錢拿了出來，但是大家已經一肚子不爽。

我於2007年11月25日打電話訪問葉李麗貞，她說：我們成立了「台灣人權保護委員會」(Formosan Civil Liberty Defense Fund)，由張燦鍙當負責人。她和丈夫葉國勢到他們居住的小鎮：紐澤西州的康尼(Kearny, NJ)開戶頭，也開信箱，預備對外募款。

為了募捐，產生許多可歌可泣的動人故事，有位小女孩和媽媽到募捐中心，甚至把自己心愛的小金環拿下來捐贈。當時的留學生大都靠獎學金、洗碗維持生活，不像現在的許多留學生有富裕的父母作靠山，由台灣拿錢來美國買賓士轎車，刷信用卡，過著舒適的生活。

由於鄭、黃龐大的保釋金，留學生雖然沒有錢，也心

甘情願捐出他們打工所得的10元、20元，一下子，就募款超過10萬美金，使國民黨不敢小看台灣人的團結。

摯友蘇金春平時縮衣節食，在四二四事件發生時，他不僅捐獻1,000元美金，也投入募款工作，後來鄭自才、黃文雄棄保潛逃，保釋公司向台灣獨立聯盟要求賠償20萬美金，他又再捐1,500元美金。1970年代美國中產階級的平均年薪是9,867元美金。

蘇金春是台灣早期留美的典型人物，為人樸素、誠實、愛台灣、愛自己的故鄉。他單身坐貨櫃船來美國留學，得到博士後，將薪水寄回故鄉孝敬父母及栽培弟妹。他對台灣獨立運動默默無言的貢獻，從來不居功，也沒有想做官的野心，只扮演扛轎的角色。有許多早期留美台灣學生，都同樣只扮演扛轎角色，是非常可愛、可敬的時代人物！

鄭自才於5月26日先被保釋，他的9萬元保釋金是由紐約Public Service Mutual Insurance Co. 出面提交法院。這是由張燦鍙、蔡同榮、葉國勢、黃呈嘉4人向該公司提供擔保抵押品的(現金6萬2千5百元是由募捐所得，蔡同榮提供股票，估值2萬元，黃呈嘉、沈雲夫婦以房屋抵押一萬元，葉國勢夫婦以房屋、公寓抵押13,500元，張燦鍙提供個人儲蓄25,000元)，他們並且各簽署了一份個人的擔保文件。

不久，黃文雄也於7月8日保釋出獄。鄭自才一直認為募款是他的錢，所以堅持聯盟藉他和黃文雄名義所募得的金錢，應該交由他來管理。

鄭黃兩人棄保潛逃

當鄭、黃兩人失蹤後，保釋公司立即對4個擔保人提出控告，並急著查封他們的財產。當然，他們所籌措的保釋金及股票都被保釋公司沒收了，保釋公司也向他們4人追繳不足的金額。

當葉國勢夫婦拜訪住在密西根的彭明敏，聽到鄭、黃潛逃的消息，半夜趕回紐澤西。探知該保釋公司還未將房屋所有權過戶，趕緊以低價售出房子及公寓，搬到德州達拉斯，算是脫掉債務。

黃呈嘉的房子也要賣，因此改提供張燦鍙剛買的房子作擔保，後來黃呈嘉搬去加州。而蔡同榮住紐澤西，躲過保釋公司的追討。因保釋公司在紐約登記，所以取得紐約法院的執行命令，到張燦鍙所服務的紐約庫柏聯合大學(Cooper Union University)找校長，說他欠該公司十多萬美金(因葉國勢的押金已拿出，所以欠缺額為10萬7仟5百美金)。燦鍙只好把房子賣掉，最後賠償欠款的四分之一，差不多2萬6千8百美金，可說是「做頭損角」的義舉。

我曾於1975年6月23日寫信給黃呈嘉，打算8月初趁學校放暑假，到加州拜訪他。他回信：

「憑良心說，我感到我只是424事件一個莫明其妙被牽拖拐進去的一份子，對於其動機、計劃及善後處理，一向被蒙在鼓裡，因此我感到對於這件事，沒有什麼可說

的，也沒有什麼值得說的。」

他沒有接受我的訪問。

被迫出庭和證詞

前往紐約作證

依美國法律，1970年的刺蔣案可由聯邦政府司法部處理，也可由紐約州的檢察官進行調查及決定是否起訴，算是具有雙重管轄權的案件。但聯邦法院決議放棄對此事件的管轄權，所以交由州政府來辦理，此案最後由紐約最高法院刑庭受理，因此紐約州的法院就向路易斯安那州的法院聲請調我到紐約州去作證。

我做夢也沒想到鄭自才拿我交還給聯盟的手槍做出我認為不適當的舉動。1970年5月初，2位聯邦調查局人員奉命到我教書的大學，找到我的辦公室，說明他們來訪的理由，非常客氣地向我說，從槍枝的登記號碼，查出我是該槍的所有人，問我是否認識鄭自才。這下子我才恍然大悟。我知道已無可抵賴，只好承認我曾擁有該槍。他們得到答案後，警告我，我不能出國，若出外旅行，也要讓他

們知道我的行蹤。

刺蔣案發生後，聯盟經由陳隆志的教授羅斯威爾
(Harold Dwight Lasswell, 1902-1978，耶魯大學非常有名的政治學教授，我曾
採用他的書做政治學的教科書)的介紹，聘請芝加哥有名的律師
路易斯・庫納(Louis Kutner)當聯盟的法律顧問，麥坎納(Jerry
McKenna)做我在紐約州的律師。

按照法規，紐約州政府沒權越州命令我從路易斯安那
去紐約作證。若我拒絕到紐約作證的話，紐約州可向我住
的地方法庭請求訴訟，判決是否引渡我到紐約州去出庭，
如此紐約州政府必須多所耗費，將我引渡到紐約州。事實
上，1970年5月，紐約市警局探員詹姆斯及用警棍打鄭自
才的史托姆(Storms)事先已在我的辦公室附近設局，詹姆斯
還警告我，他有權用手銬將我押去飛機場。

麥坎納知會我所在的小城的鄉紳富利曼(Sam Freeman)律
師。我和富利曼律師商討的結果，他認為我要自動去紐約
比較好，因為紐約州政府若透過地方法庭，一定也能將我
引渡到紐約州。

大陪審團(Grand Jury: A jury, normally of twenty-three jurors, selected
to examine the validity of an accusation before trial.)是一種審理機制。當
5月12日我要在大陪審團出庭時，麥坎納律師不能和我進
入，他在門口囑咐我，不要作答。所以我對於每個被詢
問的問題，都答說：「Taking the fifth.」按照美國憲法第
五條修正案(Fifth Amendment)，我有權行使緘默權(right to remain
silent)，如果一問三不知，檢察官也無可奈何。我想檢察官

可能也判斷錯誤，誤認我會提供他所需的重要寶貴資料，所以先主動給我赦免權(immunity law officially granted exemption from legal proceedings)。

在民主國家，有些國家的刑法採英美制，有些國家採大陸制。在英美制度下，檢察官要搜集證據，來證明被告有罪。在大陸制度下，被告要證明自己無罪。美國採英美制，檢察官要判斷犯罪者到底有否犯罪，必得利用證人去探求有利於他的資料。所以一旦將赦免權給予證人，得到赦免權的證人有責任回答檢察官的詢問，若他吐實後，縱使該獲赦免權者有參與犯罪，檢察官也不能起訴該證人在赦免權下所說的行為，但一旦獲赦免權者的口供被查出有說謊，檢察官可起訴不實的證言。為了顧全鄭自才及聯盟，當時我是「阮嘛無驚，攏講白賊」。若在極權國家，為要讓被懷疑的證人坦白告知一切，證據大致是用酷刑盤問出來的。

我在法庭的證詞

鄭自才一再聲言，說我在法庭「全盤托出」，是因為要減輕我的罪狀。事實上，我沒被控訴任何罪狀，根本無罪。我於1970年5月被押至紐約，在大陪審團前作證。這些證詞屬於秘密性，是檢察官的資料。

我作證後，聯盟聘請的路易斯・庫納律師恐怕我有疏忽，對鄭自才的案件有所不利，特別要我飛到芝加哥，我

在他的辦公室重覆在大陪審團作證的證詞。他囑咐秘書將我的證詞全部打出來。他看完後，對於我向大陪審團承認手槍是用聯盟的錢購買的，表示非常不滿意。他特別指導我，若再被調去法庭時，該如何對答。

路易斯‧庫納律師是自由派，他認為鄭、黃是「政治事件」，主張要用政治的方法去解決。但檢察官反對，法官也核准檢察官的意見，所以鄭、黃純粹用「刑事法」處理。

對於路易斯‧庫納律師，個人認為他最大的貢獻是指導我如何在法庭上回應陪審團的問話，以減輕此事件對聯盟的傷害。

但路易斯‧庫納律師的想法不被採納。他的律師費對聯盟當時的財力算是昂貴的，他很快就把初期募到的10萬美金用光，但他對我的指導，使我在法庭對法利斯副檢察官的嚴厲詢問，能應付自如，所以從法利斯副檢察官的立場而言，我是「敵對的證人」(unfriendly witness)。

因我算是幫倒忙，譬如法利斯副檢察官詢問我，槍枝是否是聯盟任何人要我採購，我堅持說是我自己購買的，法利斯副檢察官一直想要我作證說是鄭自才要我購槍，在「我的證詞」內，我否認鄭自才要我購槍，所以檢察官沒有辦法把刺蔣案和聯盟連在一起，也沒辦法成立如鄭自才所說的，是他計劃後，再要求我買槍。

聯盟由於經費困難，本來只想請一位律師，但法院認為，每個被告或證人的利益衝突，所以每個人都要有自己

的律師，聯盟不得不，只好聘請3位律師。

　　蔡同榮要去作證前，曾要求赦免權，但被副檢察官拒絕，有可能是因爲副檢察官在蔣介石駐美大使周書楷的壓力下，一心一意要揪出蔡同榮的把柄，然後控告他及聯盟涉及此案，讓美國政府認定聯盟是暴力團體，以達到解散聯盟的目的。

　　我在大陪審團作證之後，和蔡同榮在皇后區的海邊見面，告知大陪審團可能要捉他，以及可能要詢問他的問題。(詳情請參照〈蔡同榮與我〉一章)

　　副檢察官法利斯認爲我是他的主要證人，他於1971年5月3日星期一就派遣詹姆士來路易斯安那，詹姆士於隔天下午1點半到地方法官威廉斯(Judge R. B. Williams)的辦公室申請對我的監護權，將我帶到紐約法庭。

　　我於1971年5月6日星期四出庭，我的證詞是從212頁至310頁，在證詞的第254頁到256頁，副檢察官法利斯一直窮問我如何開槍，但我說已不記得，副檢察官法利斯反駁，說我曾教被告開槍，也曾練靶。

　　雷律師認爲，既然我沒法憶起如何開槍，就請專家來說明如何操槍。但副檢察官法利斯認爲，我正在法庭上，他有權查考我的信用度(credibility)。雷律師告訴法利斯，我是他(法利斯)的證人，他沒權查考我的信用度。

　　在證詞的第305頁到306頁，副檢察官法利斯問我有否要衞護世界台灣獨立聯盟(The World United Formosans for Independence)的形象，我的答案是肯定的。

　　副檢察官法利斯接下去再問，我一定不想做出損害組織形象的事，我認為他的看法是對的。副檢察官法利斯又問，為了保護組織的形象，我是否會改變我的證言或修正我的證言？

　　雷律師認為法官不該讓法利斯挑剔他的證人，即使他是站在敵對證人的立場。法官解釋，我絕非自願的證人，他不喜歡叫我是敵對的證人，但是很接近。(He certainly is not a voluntary witness. I don't like to call him a hostile witness. He's close to that.)

　　一般來說，若證人一旦被認為是「敵對的證人」，檢察官可追問主要的問題。我是法利斯所傳喚的證人，法利斯問我，叫做直接詢問(direct examination)，但法利斯被禁止問我主要的問題。(In direct examination, one is generally prohibited from asking leading questions.)

我的證詞摘要

　　我在法院的證詞的摘要，在全部證詞956頁中僅佔6頁，從837頁至842頁(如附法院原件影印)。為公開我在法庭作證的實際內容，我決定請人將我的證詞摘要翻譯出來，至於英文原文，請參照附錄二。

「刺蔣案」陳榮成證詞

……

下一位證人陳榮成，是路易斯安那州西北州立大學的教師。陳榮成說，他已認識被告鄭自才五、六年，他們都是「台灣獨立聯盟」(WUFI) 的盟員，被告鄭自才是獨盟的秘書或執行秘書，證人陳榮成則負責獨盟的海外聯絡工作。

陳榮成說，1970年2月28日，他在路易斯安那州的 Shreveport 購買點二五口徑自動 Beretta 手槍。他原本記不得確切日期，但經檢方提出第八號證物後，他確定是該日。第八號證物是槍械交易紀錄，顯示路易斯安那州 Natchitoches 的陳榮成，在1970年2月28日，從 Lorenz 處購買登記號碼G42964的點二五口徑自動 Beretta 手槍一把。陳榮成進一步指出，Shreveport 離 Natchitoches 約75哩，他當初到 Shreveport，不是為了買槍，而是要購物。

但他最後買了食物，也買了手槍。他也承認，當時還買了點二五口徑自動 Baretta 手槍使用的子彈一盒(50發子彈)。

當被詢問買槍動機時，陳榮成答說是為了射擊練習之用。

陳榮成也證實，兩天後的3月2日，又買了一把

點二二口徑的 Baretta 手槍，這次是在路易斯安那州 Shreveport 的 Gibson's Discount Store 購買的。檢方第九號證物詳細列示，登記號碼39445的點二二口徑手槍，是由 Gibson's 賣給證人陳榮成的。

陳榮成說，他不知道是否能在Gibson's買到點二五口徑的 Baretta 手槍。雖然他之前在大陪審團前曾說過，他能在 Gibson's 買到點二五口徑的 Baretta 手槍，而這段證詞也當場念給他聽，但他在這次審問時卻說他認爲無法在 Natchitoches 買到點二五口徑 Baretta 手槍。

陳榮成說他也買了點二二口徑 Baretta 手槍使用的子彈一盒(50顆子彈)，用途同樣是射擊練習，因爲鎮裡的人都會買槍放在家裡。他否認「台灣獨立聯盟」內有人指使他購買這些槍枝。

陳榮成說，大約在4月16、17或18日，他搭乘達美航空到紐約，停留兩三天。他說他住在鄭自才的住處，即被告的公寓內。鄭自才到機場接他，然後兩人一起回到鄭自才的公寓。

他們抵達鄭宅時，鄭太太在家，當時除了鄭自才的兩名子女外，還有兩位男子在場。陳榮成在鄭宅過夜，那兩位男客人則沒有。陳榮成說，除了行李，他也從路易斯安那州帶來兩把手槍，也就是上述那兩把分別在2月及3月購買的手槍，同時也帶來兩盒沒有全滿的子彈，分別是30發及40發。陳榮成說，他在被告鄭自才公寓的客廳，將這兩把手槍及子彈交給鄭自才，當時沒有

其他人在場。

　　檢方出示第十號證物，登記號碼G42964的點二五口徑自動 Beretta 手槍，陳榮成確認就是他交給被告鄭自才的手槍之一。陳榮成說，他花了很多時間向鄭自才示範這把槍的操作方式，但他不知道這把槍背後有甚麼陰謀，檢方再怎麼訊問也一樣。

　　證人陳榮成說，他在抵達鄭宅那晚，和被告鄭自才談了約四、五個小時，只在被告家住一晚，隔天就改住在胞弟家。

　　陳榮成說，他和「台灣獨立聯盟」其他盟員談論的話題，主要是接下來那個禮拜一準備在華盛頓市舉行的示威遊行，因爲當天中華民國行政院副院長蔣經國將會抵達華盛頓。

　　當被詢問被告鄭自才是否有要求他購買槍枝時，陳榮成答說沒有這回事。但被詢問被告鄭自才是否有要求他攜帶槍枝到紐約時，陳榮成說，就他記憶所及，應該有這件事。陳榮成不確定鄭自才要他帶一支或兩支槍，先說應該是一把，但又改口說不確定。他已不記得鄭自才是要求他帶一把或兩把了。

　　陳榮成也說，他不知道鄭自才要用槍做甚麼，他沒有追問其動機，也沒有問鄭自才爲何不直接在紐約買槍。換句話說，被告鄭自才爲何要取得槍枝，他並沒有加以詢問。

　　陳榮成證實和被告鄭自才有過多次通電，並在1970

年2月9日左右收到電報，之後他回電給被告，兩天後的1970年2月11日又打過一次電話給被告，但他記不得通話內容了。陳榮成也承認偶爾收到被告所屬聯盟的金錢及支票。

陳榮成認為，他是自費購買槍枝，但承認是用美國銀行卡來付帳。他說，歷來收到聯盟的支票後，會存入帳戶內，而他又用該帳戶來支付美國銀行卡的帳單，所以他不確定是否有被償付這兩把槍(每把約69或70美元)的購買費用。

陳榮成說，在被告鄭自才家中過夜後的隔日，他前往紐澤西見了不少人，包括黃文雄在內。

在交叉訊問下，陳榮成進一步解釋中國人與台灣人的差異，也說明他參與「台灣獨立聯盟」的具體內容。他擔任過 Independent Formosa 及相關的中文版期刊的副主編。他說不清楚當天在被告鄭自才家中遇見的那兩位朋友的姓名，這兩人當晚並沒有留宿，而證人陳榮成當晚是睡在客廳，鄭自才夫婦睡在臥房，兩名子女則睡另一間臥室。

（周俊男譯）

2-4　　g3ζ

The Court's Charge

The next witness was Cheng Rong-chen, who
is a college teacher at Northwestern State University
of Louisiana.　Mr. Chen said that he knew the
defendant personally for about five or six years
and they were both members of an organization
called the World United Formosans for Independence;
that the defendant was secretary or executive
secretary of that organization and that he, the
witness, was in charge of overseas liaison.

On February 28, 1970, Mr. Chen stated that he
purchased a .25 calibre automatic Barretta Pistol
in Shreveport, Louisiana.　He could not recall
the exact date, but after being shown People's
Exhibit 8, he affirmed that date.　People's 8
is a firearm's transaction record that shows that
Mr. Chen of Natchitoches, Louisiana, on February
28, 1970, purchased a .25 calibre automatic with
serial number G42964 from Lorenz.　He further
testified that Shrevesport was about seventy-five
miles from Natchitoches and when he went there he did
not intend to buy a gun, but was just going shopping

2-5

The Court's Charge

around and he bought food and also bought the gun.
He also acknowledged that he bought ammunition
for the .25 calibre automatic, fifty rounds, which
is the amount that comes in one box of ammunition.

Upon being asked the purpose for his purchase
of the gun he said target practice.

Mr. Chen also testified that two days thereafter,
on March 2, 1970, he purchased the second pistol.
This time it was a .22 calibre Baretta, which
was purchased in Natchitoches, Louisiana at
Gibson's Discount Store.   This purchase is set
forth in People's Exhibit 9, which shows that it
was a .22 calibre pistol, bearing serial number
39445, sold to the witness by Gibson's.

He said he did not know whether he could have
bought the .25 calibre pistol in Gibson's also,
and though his testimony before the grand jury
was read to him with respect to the purchases,
at which time he said he could have bought the .25
calibre gun at Gibson's, at this trial he
said that he didn't think he could have purchased
the .25 calibre gun in Natchitoches.

He also stated that he purchased ammunition
for the .22 calibre gun, one box, containing

2-6

839

The Court's Charge

fifty rounds, and that his purpose for purchasing
the gun was also for target practice and because
people in town have guns in their home,　He
denied that anyone in his organization instructed
him to buy the guns.

He. testified that he came to New York
around April 16, 17 or 18, by Delta Airlines and
stayed two or three days; that he stayed at Mr.
Cheng's place; that is, the defendant's apartment.
Mr. Cheng having called for him at the airport and
took him to the Cheng apartment.

That Mrs. Cheng was at home when they arrived.
That there were two other persons in the apartment
in addition to Mr. Cheng's two children; that Mr.
Chen stayed overnight, but the other two men
did not.　He also testified that in addition
to his luggage, he brought from Louisiana two
pistols; that is, the two pistols which he had
purchased in February and March; and that he also
brought ammunition for both weapons, but the boxes were
no longer full.　There were thirty rounds in one
and approximately forty rounds in the other; that
he turned over the two pistols and the ammunition
to Mr. Cheng, the defendant, in the living room of

2-7

The Court's Charge

the defendant's apartment but no one else was
present at the time.

He also said he explained to Mr. Cheng, the
defendant, how to operate the pistols. People's
Exhibit 10 is the .25 calibre automatic, which the
witness identified as one of the two pistols
that he gave to Mr. Cheng, the defendant. It
bears serial number G42964. A good deal of
time was spent in having the witness show how
the gun is operated, but he demonstrated that
he did not know the machinations of the gun and
that examination would not press any further.

The witness stated that he spent four or five
hours talking to the defendant on the evening that he
arrived and that he only stayed at defendant's
apartment one night and the next day he stayed
at his brother's house.

He testified that he spoke to other members
of the World United Formosan's for Independence
mostly about a demonstration that was planned for
the City of Washington on the following Monday,
the day of the expected arrival in Washington
of the Vice Premier of China, Mr. Chiang Ching-kho.

When asked if the defendant Cheng had asked

2-8

841
The Court's Charge

him to purchase the guns he said no, he didn't,
but when asked if he was requested to bring the
guns with him to New York, he said it was his
recollection that Cheng did ask him to bring the
guns with him. He was not sure if he was asked
to bring one or two guns, but he said, I suppose,
one, no, I'm not sure. He didn't remember whether
he was asked to bring one or two guns.

He also said he didn't know the purpose for
which the guns were wanted and that he didn't ask
the purpose nor did he ask why the guns couldn't
be purchased in New York. In other words, he
asked no questions relative to the purpose for
whith defendant Cheng wanted the guns.

He testified that he talked with the defendant
over the telephone on a number of occasions and
that he received a telegram around the 9th of
February, 1970; that after that he called the
defendant back and he may have called him again
two days later on February 11, but he didn't
remember what the conversation was about. He
also acknowledged that he received money and
that he received a check from time to time from
the defendant or the organization.

642

The Court's Charge

He thought that he had paid for the guns out of his own money, but acknowledged that he had paid fpr the guns with a BankAmericard and that when he received checks fro the organization, he deposited those checks to his account and he paid the Bank-Americard bill from his acount; so, he didn't know if he did get paid for the cost of the guns which were about sixty-nine or seventy dollars each.

He said the day after he slept at the defendant Cheng's apartment he went to New Jersey and met a number of people, among whom was Peter Huang.

On cross examination he further explained the difference between Chinese and Taiwanese and explained further his involvement with the organization; that he had been associate editor of the Independent Formosan and its counterpart which is printed in Chinese; he also explained he did not know the name of the two friends who were in the defendant's apartment when he arrived; that they did not stay overnight and that he, the witness, slept in the living room. Mr. and Mrs. Cheng had a bedroom and the two children had another bedroom.

第五章
所謂「槍枝的來源」

我堅決反對在美國採取任何暴力行動而被聯盟削權，我擔任的海外聯絡範圍減少，成為縮水的海外聯絡組負責人。我一直認為，兩枝手槍是聯盟支付的，我沒理由拒絕交還聯盟。所以鄭自才要我繳槍，我還向他特別說明，這兩枝槍只能做練習用。

但是他每次接受記者訪問，譬如1990年《政治週刊》(*China Times Weekly* 281/1990.07/pp.14-20)，鄭自才總說：「做成決定後，陳榮成才接到指令，負責提供做案所需的武器。」這並非事實，完全是鄭自才的片面之詞。

在《共和國》雜誌第54期第17頁(2007年5月)，鄭自才再提到證明他有罪的唯一證人就是陳榮成。他原本的構想是，他要蔡同榮快打電話給我，催我趕緊離開路易斯安那，以逃避檢方的傳訊。但是，當時警察已經在路易斯安那我的辦公室了。

張燦鍙在《八千哩路自由長征》第69頁提到：「美國司法制度的辦案程序相當嚴謹，依規定，沒有足夠證據，

檢察官不能隨便對嫌疑犯起訴，而且要起訴時，還必須經過大陪審團的認可才行。…而當時全案的關鍵人物是陳榮成，因為刺蔣的槍是陳榮成提供，這枝槍有登記執照，如果槍枝來源交待不清楚，檢察官就很難對黃鄭二人提起公訴。」

依鄭自才及張燦鍙的邏輯，若黃文雄所用的手槍是隨便買來的，檢察官就很難對黃鄭二人提起公訴。又若我及時離開路易斯安那，鄭自才就能逍遙法外，但我馬上就變成美國聯邦政府的通緝犯了。

假使鄭自才是用野槍來執行他的計謀，他就可以逍遙法外嗎？特別是，他在整個過程中，自己佈下天羅地網，不使用野槍，而用合法有登記的槍枝，更甚者，他在4月22日還自行去買子彈，以及在四二四事件現場和黃文雄密切地竊竊私語，都被ABC的攝影師 Elliot Harold Butler 照下來。甚至最後在第十八警察所，在他的律師未抵達前，他自己就已全盤向詹姆斯托出了。這才是鄭自才的致命傷。

可以說，鄭自才被起訴，早在他在警局的口供已奠定基礎了。鄭自才一直愚想，他沒拿槍，就沒罪。所以他才敢大言不慚地向詹姆斯有板有眼地敘述他的計謀。所以，他被起訴的緣由和槍枝的來源，其因果關係是太少的，請閱〈鄭自才被起訴〉一章。

讀者可站在我的立場，試想用什麼邏輯來擺脫副檢察官的追問，並且要說服陪審團站在鄭自才這邊，只要說服

12位中的其中一位陪審員就行了。因爲只要陪審團中有一位立場不同，此案件所控訴的就不成立，鄭自才就有機會脫罪。致於是否再審或追訴，則交由副檢察官決定。

槍枝的來源，只是副檢察官法利斯推衍起訴理由的開場白而已，由槍枝來源進一步追查，法利斯完成了其陰謀說，說服了陪審團。

槍枝的來源，與鄭自才最後被起訴和判罪，極少有其因果關係。槍枝的來源，只是供給副檢察官法利斯用來間接反駁鄭自才和賴文雄在法庭上堅持其「放棄論」的一個線索。(讀者請參照下頁「陰謀說」之圖解)

購買槍枝

移交槍枝

購買子彈

說服
黃文雄

布拉薩之
行動

完成計謀

法利斯陰謀說之圖解(diagram)

第六章
槍店主人的證詞

　　鄭自才購買子彈，是他被判有罪的重要關鍵，所以我特地比較詳細地翻譯槍店主人佛林(Harold Flynn)的證詞，以對照鄭自才本身證詞的差異。副檢察官法利斯指出，有一天鄭自才這樣說，隔天他又翻口供，他藉口那是一年前發生的事情，所以他記不清楚。

　　佛林證詞的結論在法院文件的843頁至845頁。佛林說明，他在紐約州畢克思其爾(Peekskill) 300 Highland Avenue開槍店，那槍店已經營3年。畢克思其爾在紐約市的北邊，距紐約市64公里。(請參照紐約州地圖)

　　佛林作證，4月22日星期三上午10點到12點之間，有一位東方人走進他的店內，從口袋拿出一顆點25口徑的貝瑞塔半自動手槍的子彈，並要求購買一盒。

　　佛林問該顧客有無此種手槍的執照，因為要購此種子彈，得有執照，他說他沒有。之後，那顧客問他，是否能夠購買一盒點22口徑的貝瑞塔自動式手槍的子彈。

　　佛林回答說，他可以購買該子彈，並向他要駕駛執照

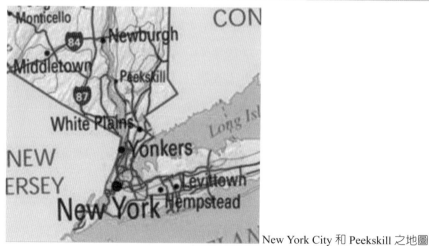

New York City 和 Peekskill 之地圖

來登記，因為要購此種子彈，必須要有駕駛執照。佛林給了他兩盒子彈，顧客離開了。

佛林在聯邦槍枝記錄簿(Federal firearms record book)作下記錄。按照法規，他每次販售盒裝點22口徑的貝瑞塔自動式手槍的子彈，一定要記錄。

證物第十四號是佛林於4月22日售給被告兩盒子彈記錄的影印本，那上面記有點22貝瑞塔自動式手槍子彈的製造商及兩盒子彈購買者的姓名。佛林再度解釋，一盒有50顆子彈，兩盒就有100顆子彈。

後來，他指認這個購買者就是被告(鄭自才)。

當被告離開他的槍店，佛林打電話給當地的警局報案。他認為這宗生意非常可疑，有些不對勁。(Something may have been wrong in connection with the sale.)

以下是鄭自才的辯護律師雷律師在法院證詞第755頁所述：

　　星期三鄭自才出門，一方面是躲避3歲小孩在小公寓的吵鬧聲，一方面也想到紐約上州去，想要思考晚上要解決的這個政治難題。他費盡心思去購子彈，最後他買到點22口徑的貝瑞塔自動式手槍的子彈。很顯然地，他沒用它。

　　現在我無法確知，他為什麼要購子彈。他想到彭明敏將來美國。彭博士是獨立運動的象徵領袖，有一天，他要保護彭明敏。

在法庭上，雷律師再辯駁：「我不知道他為什麼要購子彈，也不知道他為什麼要去紐約上州。但我們常做些無法理論、無法解釋的事，不能據此就說我們犯了企圖謀殺罪。」

法利斯直接詢問鄭自才那一天的行程，他(鄭自才)要陪審團相信，他只駕車並且思考難題，並沒有企圖要購買子彈，他只是偶然看到那小城鎮的手槍店。他不曾在這個國家買過子彈，所以他要試試看。其實鄭自才一直把一顆子彈隨身帶在他褲袋內，直到當天(4月24日)，因為頭部受了傷，趁著送醫院就醫時，在醫院內才把子彈丟棄。

法利斯提到被告曾去其他的兩間槍店，但他(鄭自才)沒提起第一間槍店是在他家附近。法利斯繼續說，鄭自才要你們(陪審團)認為他買子彈是偶然的。因為他的目的若是去購買子彈，會使他看起來就像是要去做他企圖計劃的目標(謀殺蔣經國)，因此不可能於不久的將來放棄他的企圖。法利斯說，鄭自才的作證是荒謬的。

被告隔夜發覺他的戰術有錯誤，陪審團一定不買帳他這可笑的故事。尤其，當他走進畢克思其爾的槍店，拿子彈給店主佛林看，他怎能說他不是去買子彈？

被告交互運用兩種藉口，若一種藉口行不通則給你另一藉口。當他次日回法庭，承認當天他離家時，是有買子彈的打算，而昨天沒這麼說，是因為這是一年前的事，他忘記了。他不記得他帶著一顆子彈進入店內。

自從星期二(1970年4月21日)晚上，他拿槍及子彈給黃文

雄看時，他可能放一顆子彈到他的口袋內。星期三(4月22日)早上，他可能帶著子彈想找地方買子彈。他解釋他有兩枝槍，所以要更多的子彈。但他前天的證詞是他從來沒在美國買過子彈，所以他要試試如何買子彈。

副檢察官法利斯指出，被告用「不記得」、「很有可能性」回答詢問。法利斯請陪審團想想，被告的荒謬證詞是合乎邏輯的嗎？這是否足以反映出鄭自才證詞的可信度？被告是否在說謊？

槍店主人佛林的證詞和懷疑心，特別是交易完成之後，立刻向當地警察局報案備查，才是對鄭自才的預謀具相當份量的打擊。

為追根究柢，我和內人及胞弟榮仁在2009年9月5日特地專程訪問 Peekskill 。這家槍店的所在地並不容易找到，胞弟車內裝有導航，也找了很久才找到。但我們到達目的地時，卻已是人事全非。佛林的運動用品店(sports store)已改為小吃店，佛林早已離開該地了，現在的小吃店主人是一位有南美口音的人。

筆者及胞弟榮仁攝於該槍店之前，2009年9月5日

筆者攝於該槍店之前，2009年9月5日

鄭、黃被起訴和放棄論

鄭自才被控訴的罪狀

鄭自才認為他沒拿手槍、沒有開槍,就不算犯罪。所以他才敢在第十八警察所,當詹姆斯詢問他時,大言不慚,有板有眼地敘述他的計謀過程,他告訴詹姆斯,這謀殺案是他一人設計的。

所以從424當晚直到法庭判決時,鄭自才不只是示威者的身份,他已被列入同謀。

1970年4月28日,紐約刑事法庭法官裁定,被控行刺的兩名被告,鄭自才和黃文雄的保釋金,分別為9萬美元和10萬美元。黃文雄因在美逾期拘留,加科保釋金1萬美元,合計共20萬美元。

1970年5月5日,刺蔣案由檢察官正式向大陪審團(Grand Jury)提出,5月12日,我被檢方調去紐約作證。但縱使我沒出庭作證,檢察官還是有辦法按照時間先後,從他發電

報給我，到他購買槍彈，都有記錄。

接著，鄭自才和黃文雄一起成為紐約州人民法庭的被告(People of the State of New York against Peter Huang, Tzu-tsai Cheng, defendants)，案件號碼2579-70。

此案件於1971年4月29日開庭，黃文雄的律師是尼古拉斯‧史庫比(Nicholas Scoppetta)，鄭自才的律師是維特‧雷比露斯(Victor Rabinowitz)，紐約州法庭由副檢察官史提芬‧法利斯(Stephen J. Fallis)承辦。

5月4日，黃文雄的律師在庭上說，被告黃文雄承認他的兩項罪狀：第一個罪狀是企圖謀殺，第二個罪狀是擁有殺人的武器。(法院證詞第23頁，The first count is attempted murder and the second is possession of a weapon as a felony.)法官特別問黃文雄，他承認有罪，是自動的或被人強迫的？黃文雄答說，他一點也沒有被強迫。法官決定1971年7月6日宣判，所以陪審團只需判決鄭自才是否犯罪。

法院證詞 第729頁提到鄭自才被控訴的兩大罪狀：

1、企圖謀殺罪(Attempted Murder)

2、Incited (鼓動)，assisted, aided, and abetted(教唆) Peter Huang to attempt a murder and to carry a weapon in front of the Plaza Hotel in New York County at about noon on April 24th.

副檢察官法利斯提醒陪審員們要考量較重的刑責，除非他們找不到理由。(You do not consider the lesser crime unless you are unable to agree beyond a reasonable doubt of the defendant's guilt of a higher crime.)

1971年5月17日，星期一，鄭自才被宣判有罪，當時他33歲。

鄭自才在美國出庭時的照片 （台灣獨立建國聯盟提供）

何謂「放棄論」？

鄭自才於法庭內反駁副檢察官法利斯的指控，他用來脫罪的「放棄論」(abandonment theory)，到底有何重要性？

鄭自才在法庭上堅稱，在發生4月24日刺蔣案前，他和黃文雄在4月22日晚上於賴文雄的雜貨店內，就已經現場同意不進行先前所計劃的暗殺蔣經國的主意了。所以他才會在法庭上用此「放棄論」(abandonment theory)來辯駁副檢察官法利斯對他的指控。

但實際上卻是：

4/13(一) 鄭自才打電話給陳榮成，請其交槍。

4/17(五) 陳榮成抵達鄭自才家交槍，並示範用槍方法，又囑咐此兩枝槍只能用作練習。

4/18(六) 鄭自才去 Baltimore, Md.。

4/19(日) 準備到DC事項。

4/20(一) 參與華盛頓DC的遊行。

4/21(二) 鄭自才在家裡拿槍秀給黃文雄看。

4/22(三) 大約10:00AM~12:00AM，鄭自才到紐約州畢克思其爾購買子彈。這是根據槍店主人在法庭上的證詞。

4/22(三) 大約下午6點在聯盟開會，討論4月24日示威遊行事宜。

4/22(三) 大約晚上11點左右，鄭自才、黃文雄、賴文

雄及黃晴美(鄭自才的太太，她從頭到尾知情)在鄭自
才的公寓一起討論細節，當問到由誰開槍
時，一片沉默，最後鄭自才只好自己認領，
但黃文雄馬上說這不行，因爲他們都有老婆
孩子，黃文雄認爲他還沒有結婚，比較沒有
家累，自願負責開槍。

4/23(四) 到現場勘察地形。

4/24(五) 黃晴美把槍放在她的皮包裡面，到現場以後
再交給計劃要開槍的黃文雄。

　　副檢察官法利斯就是根據鄭自才在警局的供詞，以及
槍店主人的證詞，來控訴他所犯的罪行。

　　因爲，鄭若是已經放棄了刺蔣的打算，那怎麼又會在
前兩天去買子彈呢？更何況，既然已經放棄了，那黃文雄
的槍又是誰拿給他的呢？

　　這也就是鄭自才一直想要自圓其說，卻越說越離譜，
讓12位陪審員判他有罪(guilty)的主因。

　　法利斯詢問證人賴文雄是否知道被告有槍及子彈，答
案是否定的，因鄭自才、黃文雄於星期三晚上只和賴文雄
集中精神談論及交換政治方面的意見，所以也忽略提起他
已做準備。法利斯又問鄭自才，他有否曾告訴任何人，如
蔡同榮等等，他已放棄謀殺？鄭自才說他沒有。當然法利
斯也對星期三早晨購槍彈的事情問了一大推，請閱〈槍店
主人的證詞〉。

　　法利斯指出影片(Motion picture projected on screen)內，他和黃文雄在一起，當時他有沒有注意黃文雄兩手都在口袋裡？鄭自才說，他當時沒發覺。法利斯又問，在那期間，黃文雄是否告訴他，他將執行謀殺？當然鄭自才說：「沒有。」法利斯又問，鄭自才有否向黃文雄提到這事，答案也是沒有。

　　為了將他企圖謀殺蔣經國的目的減低到最低程度，他說槍的另一目的是要保護彭明敏。這是他為了避罪，而改成要陪審員同意他真的有在四二四事件發生前，就改變主意，放棄了謀殺蔣的計劃。但法利斯針對一些事件發生的時間及事實，強力辯駁鄭自才所堅持的放棄論論點。

　　法利斯指出，為使陪審員吞下被告第11小時或第10小時的放棄論(in order that you will swallow his 11th hour or tenth hour abandonment theory)，被告必須說謊或減低他有謀殺犯意的程度。這謊言，可從被告談起他在1970年4月22日的行動窺知。

　　法利斯指出，鄭自才對自己在那個星期三上午的行動(去Peekskill買100顆子彈)，在答辯中總是說：「這是一年前的事。不管再怎麼回想跟調查，我想我就是忘記了。」(It was a year ago. Thinking back, looking it over, I guess I just forget.)但被告現在不承認他記得他那時有購槍彈的意圖，他說：「可能我有那意圖。」法利斯指出，被告用三、四、五種解釋加上有「可能性」，反映出這是不具可信度的口供，或被告是在說謊？

鄭自才在法庭說他的計謀只是理論而已，他從未談及如何、為何、何時、何地從事謀殺。

法利斯問陪審員：「你們相信嗎？」法利斯指出，被告有槍是具體的事實，在星期三買子彈也是事實。法利斯對陪審員說：「你們的普遍常識及經驗，不是告訴你們，他和彼得(黃文雄的英文名字)已有初步的計劃了嗎，他一定有告訴彼得，他將於星期三購子彈。」

法利斯指出，鄭自才要賴文雄作證的原因，是要陪審員相信賴文雄已經說服他不要去謀殺，他已放棄了謀殺的計劃。

但是鄭自才及他的太太對槍彈的說明有所差異。被告說他在保釋出獄後，才將槍彈全部丟掉，他的太太則說她一直沒發現槍彈。被告恐怕陪審員下結論，他一定在星期四，由黃文雄獨自或他們一同出去練習射擊。若陪審員下此結論，很顯然地，他前一天正放棄的故事就是一套謊話。

說到被告最後真正的準備(actual preparation)，本案的告訴人(紐約州的人民)可正確地證明，他在星期三早上購子彈，怎麼可能在星期三晚上就放棄謀殺蔣經國的企圖？

再者，被告和賴文雄都用「abandonment」這字眼來說明他們放棄了，被告承認，他和他的律師談過這個法律用詞。

記住，黃文雄去實現這企圖，並不是他本身一時衝動所做的事。更重要的事証是黃文雄身邊帶有400元美金，

做為準備逃亡的錢(escape money)，因此，很顯然地，在星期五早晨離家前，他已毫不遲疑地決定去做了。

被告作證說：他和黃文雄在星期三決定放棄謀殺後，就不曾和任何人談論放棄謀殺了。法利斯追問：「那是可能的嗎？」(證詞第796頁)

尤其是，被告自承是此計謀的主使者，以及他是教黃文雄如何開槍的人。而且被告並沒說，當晚(4月22日)他和黃文雄有否爭論過，是否黃文雄仍堅持說要去做，而被告也曾阻止過。(個人認為，這是法利斯認定被告並未放棄謀殺計劃的論點之一，因為他們根本沒有爭論要放棄過。)

也就是說，被告從未供給可信的理由，若黃文雄仍堅持要繼續做謀殺的事，為什麼沒有當場反駁他，而被告也沒有阻止他。

法利斯按照被告的說法，他自己在放棄謀殺蔣經國的企圖後，他就沒有和任何人提起此事了，但黃文雄有什麼理由不告訴被告而保持秘密呢?

黃文雄被捕時，身帶400元，當然被告不承認是他給的，只承認這些錢來自他的家。因為，很顯然地，若被告承認他給黃文雄錢，表示他知道他將幹此事。他說黃文雄拿錢並沒有告訴他，黃文雄是後來他們兩人在牢獄時才告訴他的，他需要錢，所以拿走一些被告的錢，差不多2、3百元。

被告未肯定表示他的放棄，他沒將槍丟掉，也沒丟掉子彈，到他星期三放棄謀殺企圖，他都沒有告訴任何一個

人。他一直保密，直到射出那一槍，表示這計謀都仍在進行中。

　　法利斯對陪審團說：「若被告已經放棄謀殺，黃文雄不會在這法庭告訴你們嗎？你們有沒有想到，黃文雄難道不會替他的妹夫作證，因為他放棄謀殺，所以他和此謀殺之事無關？難道連一點可資證明他放棄的證據都沒有嗎？」(法院證詞第800頁)

　　據我所知，黃文雄的律師尼古拉斯‧史庫比為庇護黃文雄的利益，不願他出庭作證。若黃文雄把擔子都扛下來，刑期會增加。若黃文雄全部擔當，對鄭自才的案件會有很大的幫助。但周圍的人也不敢建議黃文雄要全部擔下來，因為他犧牲已經太大了。蔡同榮也曾對我說，他不敢建議黃文雄擔起全部。

　　法利斯提到，一個案件像一塊布料，可以看每條線。審查案件，就是要看每件證據。換言之，不要單看一件證據本身，而要將其他所有的證據放在一起，全盤考慮，然後才下結論。

　　被告沒扣扳機(pull the trigger)，但從證據看來，他很顯然比黃文雄更有罪。他是這計劃的創始者，主要的行動者。

　　他做一切必須的準備，他要陳榮成從路易斯安那州帶槍上來，他教黃文雄開槍，他企圖購買槍彈，他事實上也購到了100顆點22的槍彈。

　　雖然被告要讓陪審員認為他對謀殺意圖做很少的參與(commitment)，但他是百分之百的參與。

　　法利斯申述，1970年4月24日的影片中，有看到黃文雄和被告在一起談話、繞圓圈。黃文雄很顯然要從入口的南邊前行。被告在入口的北邊喊口號及揮舞傳單，他儘量把注意力拉到北邊。被告否認他和黃文雄喊同樣的口號：「台灣萬歲」、「打倒蔣介石」，但巡察員O'Relly作證，被告當時在喊口號。當然，被告否認，因為這是有關案發當時他的企圖的關鍵點。

　　在當時，他的企圖和黃文雄是相同的。法利斯說：

　　「請你們(Jury)從企圖來看，記得他在喊口號，記得他是拿到槍的那一個人，記得他是出去購買子彈的那一個人。

　　當你們決定被告跑上台階所做的事，記得要考慮不僅只那剎那間發生的事，而且要把他籌劃這企圖謀殺的數個月、數星期、數日前所發生的事情都考慮進去。

　　被告要你們抹殺掉在 Plaza Hotel 以前所發生的一切事情，他們不要你們考慮到所有的準備，為達成此目的，他們宣告放棄。他們說：「我們要搶機會，要陪審團只限定於 Plaza Hotel 所發生的事情。」所以被告一定要否認他喊口號，企圖抹滅已做的一切事情。」

　　法利斯在法庭上辯駁「放棄論」時，是依據ABC攝影記者 Elliot Harold Butler 所攝影的資料，特別是，他一開始就已拍攝到不少此二人的突出行為，法利斯以此來打擊他們的放棄論。

　　幾十年後，我試著去與 Elliot Harold Butler 聯繫，

ABC 聲稱當年相關的照片、影片和錄音帶都已銷毀了。本人認爲，根據 Elliot Harold Butler 提供的證據，使法利斯在辯駁鄭自才的放棄論上佔有不輕的比重。(請參照〈鄭自才被判重罪〉)

要用放棄論來擺脫罪狀及說服陪審團，有一項極大的負面前提——承認有刺殺企圖而後放棄。一旦陪審員接受了被告有企圖，就很難在他們腦海內改變主意：從企圖謀殺180°轉變爲放棄。

底下附錄法利斯副檢察官論辯總結的法院文件原本影印，及中文翻譯。

黃文雄行刺蔣經國失敗後被美國警方逮捕　(台灣獨立建國聯盟提供)

jf 5-16   Fallis Summation   796

By the way, both the defendant and Frank Lai used the word "abandoned." The defendant admitted to you that he probably had discussed the legal concept of abandonment with his attorney. Both Frank Lai and the defendant used the same word when they were describing this renunciation.

See, the defendant got greedy, because his claim is most impossible. You see, he claims that he never discussed the possibility of the assassination with anyone after he supposedly renounced it on that Wednesday evening. Is that possible?

Remember, we have Peter Huant. We know that Peter Huang went through with the attempt. We know it could not have been a spur of the moment thing on Peter Huang's part.

In other words, it wasn't a last minute thing that he just ran up there and killed him, because kn he had the gun and therefore he had to bring it with him on the morning of Friday. And, more important, he had the money, the escape money. So, obviously, Peter Huang, if he ever decided not to do it, certainly had to make

jf 5-17   Fallis Summation   797

a decision to do it at the earliest before
he left the house that morning.

The defendant never supplied any reason
why Peter Huang wouldn't tell him. The de-
fendant testified that he and Peter both came to th
conclusion that they should abandon the attempt on
Wednesday. The defendant didn't say, "We had
an argument, and Peter said, 'I want to do it,'"
and he forbid him to do it. In other words,
the defendant never supplied you with any credi-
ble reason why if Peter Huang was going to go
ahead with the attempt, why he wouldn't tell
him. In fact, it is more probable that he would
tell him. The defendant is the one who had the
original idea. The defendant is the one that t
taught Peter Huang how to use the gun. The de-
fendant is obviously the leader of this assas-
sination attempt. There is no reason in this
world why Peter Huang would not tell him. But
the defendant claims that they never discussed
the attempted assassination after that Wednesday
night.

Furthermore, even if they were contemplating
giving it up, don't you think that after all this

jf 5-18   Fallis Summation   798

effort, there wouldn't be some discussion
about it, some discussion, some reflection,
even, "Well, it was a good thing that we de-
cided not to do that."

According to the defendant, there's an
absolute void of any communication whatso-
ever pertaining to the attempted assassination
of Chiang Cheng Kuo. There was no reason for
Peter, who obviously intended to do it because
he did it, there was no reason for him to keep
secrecy.

Can you believe that knowing that Peter went
ahead with it, that he never even mentioned it
to the defendant, especially when there's no rea-
son for him not to? Peter Huang was arrested
with $400 on his person. The defendant admits
that the $400 came from his house. He doesn't
admit it came from him. He can't admit it came
from him, because, obviously, if he gave him the
getaway money, he knew he was going to do it.

So you have a situation here where a brother
and a brother-in-law who have planned the assas-
sination, who have gone through all the prepara-
tion where one brother goes and steals the money

jf 5-19　　　　　Fallis Summation　　　799

from the other and steals the gun to do the
job from the other and never tells him about
it.

There's no reason why he should have to
steal the money. The defendant never said, "I
forbid my brother-in-law to do that." There's
no reason why Peter should have to steal the
gun from him. Also, there is no evidence that
the defendant abandoned his attempted
assassination. The defendant took no no affirma-
tive action to show or display hsi abandonment.
He did not throw the guns away. He did not get
rid of the ammunition. And he did not tell a
single person after Wednesday that he had
abandoned his attempt.

Now, if you plan to do something and you
decide not to do it, you usually go up and say
to someone, "Hey, you know I was going to
knock the old man off, but I thought about it, and
I'm not going to do it." He maintained the
secrecy. He maintained the secrecy of the plot
right up until the time that that shot was fired.
And he maintained the secrecy of the plot because
the plot was going on until that shot was fired.

jf 5-20　　　　　　Fallis Summation　　　800

There is not one scintilla of evidence, not
one piece of evidence, to show that the de-
fendant abandoned his attempt.

If the defendant had abandoned his attempt,
don't you think that Peter Huang would be
here to tell you?　Don't you think that Peter
Huang would have testified for his brother that
he abandoned the attempt and that he had
nothing to do with it?　He's his brother-in-law.

Where was Peter Huang?　Not one piece of evi-
dence to show that the attempt was abandoned.

Ladies and gentlemen, how many lies, how
many half truths, how many evasions, deceptions
do you need in yoru business on the outside to
completely reject a story?　You use that same
standard in the courtroom.　You're brought here
for a purpose, to apply the same standards of
credibility that you use in your everyday life
here in the courtroom.

The defendant's attempt to minimize the
duplicity at the Plaza Hotel is obvious.

Now, we have been tearing the case apart at
the present time so we can look at the various
threads.　A case is like a fabric, so you can

jf 5-20-A   Fallis Summation   800-A

examine the threads. But remember when you

examine the case, put it all ·back together

again.

(Continued on next page.)

Fallis 的辯論總結

順道一提，被告及賴文雄(Frank Lai)同時使用了「已放棄」這個字眼。被告向你們承認，他可能有和律師討論過放棄的法律概念。當賴文雄及被告描述這項放棄之舉時，他們都使用了相同的字眼。

看，被告的說法太難令人信服了，他實在越來越貪心。你們看，被告說在那個星期三夜晚，當他據稱放棄了行刺計畫後，他並沒有跟任何人討論這件事。你們說有可能嗎？

請記得，本案有個黃文雄。黃文雄將行刺的意圖付諸實行。我們知道，就黃文雄而言，這件事並非臨時起意。

換句話說，黃文雄不可能在最後一刻才突然決定跑向前去殺蔣經國，因為他手頭上有一把槍，他得在星期五早上，就把這把槍帶在身上。而且，更重要的是，他身上帶著錢，一筆準備逃亡用的錢。所以，很明顯的，如果黃文雄一度決定不要行刺蔣經國，那麼他至少在當天早上出門前，就改變主意了。

黃文雄為何沒有告訴被告，他不要放棄行刺的計畫？對此，被告沒有提出任何解釋。被告作證說，他和黃文雄在星期三時決定放棄行刺計畫。但被告並沒有說：「我們當時有所爭論，黃文雄說：『我非做不可』」，而被告阻止黃文雄採取行動。換句話說，被告並沒有向你們提出任

何可信的説詞，解釋當黃文雄決定行刺時，爲何他沒有告知被告這個決定。事實上，更合理的推論是，黃文雄會告知被告此事。被告是最先提出行刺構想的人，被告也教導黃文雄如何開槍，被告明顯是這起行刺計畫的領導者。黃文雄實在沒有理由不告知被告這件事。但被告卻宣稱，在星期三晚上之後，他們就沒再討論過行刺計畫。

況且，就算他們考慮放棄行刺計畫，難道你們不認爲，他們經過一番辛苦籌備後，應該還會再討論一下這件事，再反省一番，甚至只是説句：「嗯，我們決定不這樣幹，是個好主意。」

但根據被告説法，關於行刺蔣經國一事，並沒有任何的討論。黃文雄沒有道理會這樣，因爲他後來的行動，説明了他明顯想行刺蔣經國。他沒有理由要保密。

你們相信下定決心採取行動的黃文雄，完全沒有告知被告嗎？他根本沒有不説的理由啊？黃文雄被捕時，身上帶著400塊美金。被告承認這筆錢是從他家拿的，但不承認是他給黃文雄的。被告不能承認是他給的，因爲他若承認給了這筆逃亡經費，那麼很明顯的，他就是知道黃文雄準備要行刺了。

你們現在聽到一個故事，一個人(黃文雄)和他的妹婿(被告，即鄭自才)計畫要行刺，他們已做好所有籌備工作，結果那個人卻偷了妹婿的錢及槍離開，獨自行動，全然沒有告知妹婿。

他沒有偷錢的道理。被告從未説過：「我阻止我大舅

子做這件事。」黃文雄沒有從被告那邊偷槍的道理。而且，沒有證據顯示被告放棄了行刺計畫。被告沒有任何行動，足以明確的顯示或展現他已放棄了行刺計畫。他沒有把槍丟掉，也沒丟掉子彈。他也沒有在星期三之後，向任何人說他已放棄了行刺計畫。

如果你計畫要做某事，之後又決定放棄不做了，你通常會向某人說：「嘿，你知道，我本來要幹掉那個老傢伙，但後來想一想，還是算了。」但他卻繼續保密，繼續隱藏這個陰謀，直到暗殺的那一顆子彈擊發了。他隱藏這個陰謀，不斷地進行著，直到開了那一槍。

沒有絲毫證據顯示被告放棄了行刺計畫。

如果被告真的放棄行刺計畫，難道黃文雄不會當面告訴你們嗎？難道黃文雄不會為他的妹婿作證，說他的妹婿已放棄行刺計畫，跟這件槍擊案一點關係也沒有？被告可是黃文雄的妹婿啊！

但黃文雄在哪裡呢？他有當著你們的面說出這些話嗎？沒有絲毫證據顯示行刺計畫已被放棄。

各位女士先生，你們在法庭外的日常事務上，要聽到多少謊言，多少半真半假的陳述，多少遁辭及詭辯，才會完完全全的否決掉一個故事呢？你們在法庭上也要使用相同的標準。你們被召喚來此的目的，就是要將你們在日常生活中所採用的可信與否的標準，適用在法庭的審判上。

被告的企圖很明顯，就是要盡量掩飾他在廣場飯店前的欺瞞行為。

　　現在我們已將這起案件逐一拆解開來，所以我們可以看見好幾條線索。一個案件就像一塊布，你可以拆開來檢視其中的線。但記得，要檢視整起案件時，還要將所有的線索重新放在一起。

（周俊男譯）

第一流名律師：
維特・雷比露斯

雷比露斯律師

維特・雷比露斯(Victor Rabinowitz)1911年7月2日在紐約州的 Brooklyn 誕生，他的父親從 Lithuania 移居美國，擁有一家工廠。他取得 University of Michigan 學位後，於1934年畢業於該校的 Law School。

在本書內，我簡稱他為雷律師，他於1944年在紐約市開了一家勞工法事務所，他的法律夥伴 Leonard Boudin 於3年後跟他合夥，共事40多年，直到 Leonard Boudin 於1989年逝世，該事務所從 McCarthy 時代的憲法問題，一直到為人權法案(Civil Rights)的奮鬥，總是站在前線帶頭。

在 McCarthy 時代，他和 Leonard Boudin 代表勞工組織(Union)，當時的勞工組織被認為是左派。

　　雷律師是重要的美國人物，他受理很多不受歡迎的極左派被告，他承接很多別人不敢擔當的案件，他的事務所代表過古巴的卡斯楚(Fidel Castro)、歌唱家 Paul Robeson，the Church of Scientology and Alger Hiss——他是美國外交家，被誤爲蘇聯的特務而被起訴，此是第二次世界大戰後最有名的案件。

　　他也代表過智利的政府，並且從1960年6月起，他的事務所是古巴政府在法律及和美國有關連事件的唯一代表。他的很多案件都到最高法院。

　　雷律師是人權法案及自由派的著名人物，他是1937年 the National Lawyers Guild 的創始人之一，從1967-1970年當全國會長。他從1942年(那時蘇聯和美國是戰爭的同盟國)到1960年初，是美國共產黨的黨員，因爲它好像是對抗社會不公平的最佳手段。

　　通常我到紐約市，總是住在胞弟榮仁家。爲了拜訪1971年替鄭自才辯護的雷律師，我的太太富美及我特別於2004年9月25日晚上，在我的兒子奧利佛的第六街公寓過夜。次晨，內人和我在10分鐘路程內，就走到了雷律師的住處。他當時已92歲高齡，視力及聽力已不怎麼靈敏。我稱讚他年輕時處理很多有名的案件，他趕忙介紹他1996年出版的著作：*Unrepentant Leftist: A Lawyer's Memoir*。根據他兒子馬克(Mark)的記述，他的父親除當律師外，嗜好很廣泛，他喜歡政治、棒球、照相、下棋、古典音樂、莎

士比亞及種花，但他絕對不是資料時代(Information Age)的人物，該書的原稿是親筆手寫在黃色的筆記本上。(Wrote them out longhand, on a yellow legal Pad.)

　　當我及太太訪問他的時候，他的太太 Joanne 當時也在場，她告訴我們，由於四二四案件，她和晴美成為好朋友，她很佩服晴美的勇氣及能幹，除擔當家庭重任，又設法去法庭聆聽她丈夫的受審。

　　當時我覺得 Joanne 比雷律師年輕、健康，想不到，她於隔年1月15日逝世，享年74歲 (1930-2005)，她是非常謙虛有禮的人，從為她寫的悼詞中的略傳(Obituary)知悉，原來她是有名的人權法案激進運動者，也是作家、製片

雷律師及筆者攝於紐約市，2004年9月26日

家。她的出名著作是1968年所寫的 *Black Protest: History, Documents, and Analysis*，該書成為標準的教科書。

當我提起鄭自才的案件，他猶記得這是30幾年前的事。說到「Abandonment」這一名詞，他一直搖頭，說陪審團不接受這個理論。他曾勸告鄭自才不要出庭作證，但鄭自才不接受他的建議，雷律師只好盡其所能。

雷律師的結辯

以下是四二四事件法院判決書的一些摘要：

法官：雷律師(Mr. Rabinowitz)，若你已準備就緒，我將請你做結論。

雷律師：法官，陪審團的男女士們，這案件的名稱是紐約州的人民控告鄭自才。這個法律行動，是包含鉅富、權威者、警察、助理檢察官、土木工程師、子彈射擊流動專家、照相師的紐約州人民控訴一位普通的市民，這位市民居住於 Jackson Heights 一棟公寓的五樓，他和他的妻子及兩個小孩住在有4個房間的屋子，若客人來訪，客人沒有客房可住，只能睡在客廳。他出生於異邦，他的文化完全跟我們不同，他有瞭解英文的困難，有時也難於被瞭解。

證詞第718-719頁：雷律師接著指出被告被控兩項嚴

重的罪刑。

　　如今，在我們這比較合理的審判制度下，他不像這世界的一些國家，單獨接受審判，州政府給予他一些保護、一些幫助，另一方面，法利斯先生(Mr. Fallis)有他的武器、有全紐約州做他的靠山來指控被告。

　　被告有律師，這不是每個國家都有，律師將為洗清他的罪名而盡最大的努力。陪審制度雖不完美，但它是最好的制度，它使各陪審員負鉅大的責任。你們這些陪審員，是全世界唯一能判斷這來自台灣的外國人是有罪，或無罪。

　　這國家的法律原則是認為每個人應都無罪，直到他被證明有罪。他被帶到這法院，被迫坐在這裡數日，此非他犯刑法的證據。

　　他是無辜的，而且他應被假設無罪，直到他毫無疑問地被認定犯罪。若你們陪審員認為只因證據有點偏向犯罪，就判他犯罪，你們正犯了錯誤，你們違反當陪審員的職責。若你們有懷疑，法律能夠解釋，你們該發現他無罪。你們不能說他有罪，除非你們每個人心中都毫無疑問認為他有罪。

　　另一陪審制度的法規是，你們要全體同意，不論他是犯罪或無罪。

　　被告被控訴兩項罪狀，他被控企圖謀殺罪及在紐約郡的布拉薩旅館(Plaza Hotel)前，在去年4月24日中午攜帶手

槍。

被告不是被控他在當天自己帶槍，但按照我們的法律，幫助、煽動他人犯罪也構成犯罪，顯然，被告是被控訴該罪，他幫助、唆使黃文雄企圖謀殺及帶武器。

所以，應當是鄭先生有幫助黃先生置蔣經國於死地的企圖，他才有罪。

雷律師說明有兩種不同證據，一種是直接的證據，另一種是間接證據。

手槍本來是屬於鄭先生的，幾天後在黃先生手中，我們有何論斷？

我們可有如下的推論：鄭給黃手槍、黃偷拿手槍、鄭遺失手槍、黃找到手槍、鄭買槍給黃，這些都是間接證據。

關於被告的企圖這個問題，也要有間接證據來證明，所以你們的職責，不僅要考慮到手槍，也該考慮其他的事實。

讓我們說到這案件的事實。本律師認為它是不平凡的案件，這案件的每個證人都真誠地說實話。我們到目前為止，已看到一年前在布拉薩旅館前的影片8次或10次，影片可看到當時場面非常混亂。人們估計的時間及距離都有差異，在場人士由於語言的困難，在警察局或其他地方，不明白所問的話，也答不清楚。

　　這案件作證最銳利的衝突是在最後，警探詹姆斯說他審問鄭，鄭則說詹姆斯從來沒問過他。

　　被告被控訴有罪，他原本不必站在這裡講出一切，但他是個老實人，他自願來這證人席，他發誓說出一切實情，一點也不說謊。

　　他承認他想出謀殺蔣經國的主意，雖然Peter(黃文雄的英文名字)已犯罪，他可以騙說是黃文雄想的，反正他已犯罪，或他可騙說是陳(陳榮成)想的，因陳已被赦免。

　　但他沒有那樣做，他正直、誠懇地承認是他的主意。(證詞第737頁)他承認在皇后區，他擁有這些非法的手槍。

　　他可以不必承認這些事，他可以不必站在這證人席，但他這樣做，是他要誠心告訴你們一切實情。

　　他還承認另一個很重要的事情。他承認他有殺死蔣經國的動機。(證詞第738頁)

　　雷律師提到賴文雄及鄭自才的太太都自動到法院作證。

　　被告是推翻蔣經國及蔣介石組織的執行秘書長。他或賴文雄(雷律師記不清楚)認為，蔣經國像一隻毒蛇，他們很想滅掉這暴君。

　　蔣經國將來到，他萌生殺蔣的念頭。他將這事與兩位最親近的朋友討論。他的小舅子說那是個好主意；他和賴文雄商談，他說那是個壞主意。

　　在他無法確定討論的結果之際，他剛好有機會拿到兩枝手槍及槍彈，他要求將兩枝槍帶上來，放在他的家裡。在這兩個極端的論調中，加上他自己的懷疑，他們於事件發生的星期三晚上，聚集在一起討論這重要事情。

　　　「你們已聽到賴文雄(Frank Lai)的證詞。他沒說他認為蔣經國是好傢伙，不要企圖謀殺他。他說蔣經國是暴君，應置他於死地。但從政治觀點而言，這是很壞的做法。若要推翻他的霸道及專權主義，應要在台灣幹，而不是在美國。

　　　若在美國謀殺蔣經國，會傷害我們立足美國的目標。美國人民會起反感，這件事該在台灣做，讓島內的人從事革命，不是我們在美國做。」(證詞第743頁)

　　賴文雄說服鄭自才，賴是對的。若島內人們未準備好，國外的謀殺無法激起革命。

　　會後，3人都同意不應去做。但很顯然，黃文雄改變他的心意，或是他心裡根本不贊成。無論如何，黃文雄做了他想要做的事。

　　被告駕車，沒帶武器，只帶宣傳單及妻子到布拉薩旅館前示威。當蔣經國來到時，他站在角落分發宣傳單。他很激動，隨著載蔣經國的車子跑，沒帶槍、沒帶武器、沒帶刀，只帶宣傳單，他對他的敵人喊口號。

　　警察們推他退後一些，他仍站在人行道旁喊口號，當

蔣經國走上台階，他站在那兒，然後他聽到槍聲，他向槍聲的方向跑去。

為什麼他向槍聲的方向奔跑？我不知道。很多人會跑向槍聲。但我可斷言，有罪的人一定會在群眾中消失，不會趕到前面去。

無論如何，他跑上台階。他看到黃文雄。他說他下意識企圖幫忙黃文雄。在10個警察包圍下，顯然這矮小的傢伙幫不了黃文雄的忙。他被抓住。他被警察打得頭破血流、眼鏡破碎，他沒法認清哪個警察打他。他被送到醫院，最後他出現在這法庭。

現在，我要提出幾點：

第一點，關於謀殺這事，被告被認為是謀殺者，他甚至拿到謀殺的槍。

在1944年7月20日，一群希特勒的將軍企圖暗殺希特勒，可惜沒成功。若謀殺成功，我和在座的陪審團各位，隔天一定歡天喜地，雖然這是謀殺。

蔣經國這人和希特勒相似，所以被告不必對渴望殺蔣而道歉，因蔣和希特勒一樣。

第二點，我要提到對他不利的證據，對於他的企圖的證據。

但我將提到幾個情況，使你們認為他是無罪的。

首先，鄭沒帶武器來這發生事件的布拉薩旅館。我們都知道他有槍、他有槍彈、他的點22的槍仍在家中壁櫃內。他來時沒帶槍。

　　假設你們要謀殺人，你們已知有很多警察，你們有兩枝槍，你們會只帶宣傳單到這謀殺處嗎？或口袋內放有點22的手槍？

　　鄭先生留著點22手槍在家。他沒帶槍到謀殺處。他不僅把槍放在家裡，他還帶他的太太前來。我不是謀殺案的專家，但總統的謀殺案及歷史上的謀殺或企圖謀殺，我不記得有人帶太太去看謀殺案的。假若我計劃謀殺，我一定不會說：「和我一起來，你的哥哥或我會被殺，可能有點刺激及麻煩，無論如何，跟我來看這事件。」可笑吧！

　　被告站在人行道發傳單。他聽到槍聲，跑上台階。

　　我剛說過，謀殺者會悄悄地背地裡反方向走掉。在那時刻，他走上台階，一點用也沒有。此時，不知蔣經國被擊中要害，或沒被傷害？但他跑上台階，想看發生什麼事情。這是他不知謀殺的額外證據。

　　關於令人難解的星期三在 Westchester 購買槍彈的行程，被告說，他想避免3歲小孩的喧鬧及思考當晚要解決的困難政治問題。他購買點22的槍彈，但他沒有使用它。他無法確定他為什麼要買它。做這件事是奇怪的事，他私底下無法解釋。

　　我提過，我們偶然會做不合理、無法解釋的事情，但這並不能說明我們有犯謀殺罪的企圖。

　　我可預想法利斯將嘲笑鄭在星期三晚上取消謀殺的企圖。檢察官的職務是相信每位在這法庭的受審者都有罪。法利斯會非常有效地指出被告在布拉薩旅館前的各種不同

的動作，你們(指陪審員們)負有重大責任去做決定。……

　　雷律師於2007年11月16日星期五晚上，沉靜地在他的曼哈頓住處離開人世，享年96歲(1911-2007)。他在世時，經歷17位總統，從塔虎特到布希。對其中幾位總統，雷律師曾惹些麻煩給他們承擔，這些總統是罪有應得。

雷比露斯及筆者攝於紐約市雷律師處，2004年9月26日

第九章
被判重罪、
棄保潛逃及判決刑期

陪審團的判決

鄭自才是沒拿手槍、沒開槍的人，但為什麼他被判重罪，當我讀完法院證詞，才恍然大悟。

原來鄭自才被控訴有兩大罪狀：

第一罪狀：企圖謀殺罪(Attempted Murder)。有四種情況。

(1)犯企圖謀殺罪：這罪狀要證明鄭自才是黃文雄的同謀者，他們企圖殺死蔣經國，才能成立。

(2)第一級襲擊罪：企圖用致命的武器或危險的器械去嚴重傷害第三者的身體，這是說，他企圖對蔣經國的身體造成嚴重的損傷。

若陪審員們沒發現被告有以上的企圖，但相信他可能

幫助他人去謀殺,被告就犯上此罪。

　(3)第二級持犯罪武器罪:被告除了宣稱自己無罪外,他有放棄的肯定辯護詞。他承認他從陳榮成拿到手槍,他和黃文雄有一些討論,並且向賴文雄請教關於謀殺蔣經國之事,然而他一直維持他於4月22日在賴文雄的雜貨店內已放棄刺蔣的計劃。

　副檢察官法利斯強調,若陪審員們能發現被告的放棄是自動的、全部的,被告就能達到第四種選擇。

　(4)無罪。

　第二罪狀:鼓動、幫助、支援、教唆黃文雄在4月24日中午在紐約布拉薩旅館前攜帶謀殺武器。(Incited, assisted, aided, and abetted Peter Huang to attempt a murder and to carry a weapon in front of the Plaza Hotel in New York County at about noon on April 24th.)

　有二種情況:

　(1)攜帶武器、危險器械罪:沒有執照而擁有槍是非法的,除非被告能解釋或有特別情形。被告並沒有自身、實際在紐約於4月24日攜槍。若發現被告有意幫助黃文雄在該時間、該地點擁有裝槍彈的槍,被告就有此罪。

　(2)若被告雖然有意幫助黃文雄擁有裝槍彈的槍,但無意要黃文雄在該時間、該地點擁有該槍,若如此,陪審員們該發現被告無罪。

　　法官特別說明了這兩罪狀要分別判決，它們互不相關。他要陪審員們退庭做深思熟慮，若對於證言有不同的意見，陪審員們有權利要求某一部分書面要再重讀一次，若要看物證，法庭官員也會供應他們。

　　在法院證詞第910頁上，法利斯副檢察官提到同謀罪，只要被告於一星期前給某人武器，要那個人在特定的日期犯謀殺罪，這被告仍犯同謀罪，他不一定要實際參加。

　　1971年5月17日下午2點30分，12位陪審員退到陪審團的房間，各自坐在他們的位置。陪審團送出一張紙，僅說：「澄清放棄論」(Clarification of Abandonment)，註明要法院的證物 "A" (大陪審團記錄第13頁至第19頁)為證。

　　下午3:05 所有陪審員再度進入陪審的房間內熟思。

　　下午3:25 陪審員們進入法庭。(不到一小時)

　　書記官說明這是人民控告鄭自才的案件。

　　被告、律師及副檢察官都在場。

　　書記官詢問陪審員們的判決。

　　最後陪審團主席宣佈：

　　「第一條：企圖謀殺，有罪；第二條：擁有武器、危險的器械，有罪。」

　　雷律師再度要求每位陪審員的判決，全部12位陪審員皆答：他們判決被告有罪。判刑事有罪(Criminal case)，要全部12位陪審員一致同意，民事只要12人當中10人同意就可

裁決有罪。法官提到，將於7月6日宣判黃文雄多少年刑期，雷律師認為：沒有什麼理由不適合將他們同一天宣判。

在這之後，我也曾費盡心力想要找到這12位陪審員，想了解他們每個人，是如何在這短短不到一小時的時間內，一致地做出對鄭自才的判決。無奈，受制於當時金錢和資源的匱乏，無功而返。等到自己有能力要再去尋找時，卻是人事已非，找不到人了。

副檢察官法利斯(Stephen J. Fallis)，1964年從哥倫比亞大學畢業，1967年又於哈佛大學法律系畢業，同一年即取得紐約州的律師執照。

我們夫妻倆於2009年7月23日去拜訪他，他當時的主

法利斯攝於他在紐約市的事務所，2009年7月23日

要業務是處理房地產買賣的法律問題及民事訴訟。我拜訪他的主要目的，是有幾個問題要請教他。

1. 在四二四事件，他是如何搜證的？

2. 假若當時鄭自才沒有出手幫忙黃文雄，他是否有辦法起訴鄭自才？

3. 假若黃文雄陳述是他自己去偷取鄭自才的槍，是否有辦法起訴鄭自才？

4. 鄭自才當初若沒有出庭作證，是否還是會被判重刑？

5. 假若事發當時，黃文雄所拿的槍是從黑市取得的，那麼陪審團還有辦法判鄭自才的罪嗎？

筆者及法利斯攝於法利斯的事務所，2009年7月23日

6. 為什麼鄭自才的保釋金會和黃文雄一樣多？是否
   因為你早就懷疑鄭自才參與其中，抑或你早已和
   第十八警察所的員警談過了？

7. 是否因為我的證詞，才造成鄭自才被判重罪？

8. 陪審團當時是否有意要連蔡同榮一起起訴？

9. 當時中國國民黨的駐美大使周書楷，是否有在此
   事上予以施壓？(請參照陳儀深於2007年11月29-30日所發表的
   〈1970年刺蔣案與台獨運動今昔〉)

　　法利斯對於我提出的問題，就只針對自己記得的部分
回覆我，其餘由於時間久遠，他已忘記，不便回答。

　　如下：

8. 他懷疑蔡同榮有參與，但苦於證據不足，無能為
   力。故當時，蔡同榮主動要求赦免權時，被其拒
   絕。

9. 美方並未受到來自於周書楷的施壓。

張啓典－協助黃文雄逃亡的人之一

　　2008年3月，我太太富美及我為了台灣總統選舉，跋
涉千里，越洋回台。富美意氣高昂，全程參加世台會年會
及助選活動。

　　世台會年會於3月14日到3月16日在高雄金典飯店舉
行。14日清晨，我送富美到台北圓山公園附近坐巴士，看
到幾天以來在電視台揭露馬英九太太醜聞的張啓典博士，

我非常興奮和他握手、寒暄。

　　16日大會閉幕後，大部分的出席者分乘10部巴士，展開由南向北的助選活動，巴士用英文字母編號。

　　剛好啓典和富美同坐A車，當大家自我介紹，他知道富美是我的太太。他對她說很想認識我。富美想起在波士頓的大女兒素亞將於4月臨盆，而啓典也住在波士頓，所以樂意答應啓典，我們4月到波士頓時將和他會晤。

　　我們於2008年4月13日在波士頓的中國餐館吃飯、談天。雖然這是我們第一次單獨聚會，但我們的理念、共識非常接近，所以無所不談。

　　啓典告訴我，他在明尼蘇達大學和燦鍙的小舅子林振昌(張丁蘭五弟)是室友。他被張燦鍙說服，成為聯盟的秘密

由左至右分別為宋重陽、彭明敏、蔡同榮、周斌明　(台灣獨立建國聯盟提供)

我的女婿賓梅立克(Ben Mezrich)、張啟典及陳富美攝於波士頓，2009年7月20日

盟員。他直接和張燦鍙聯絡，這方法的好處是每個人都不知道誰是盟員，若發生事情，除了張燦鍙外，不會牽連到其他的盟員。1976年發生王幸男郵包炸傷謝東閔案，有好幾晚，啟典睡不著，因為炸藥的做法是他用化名「阿狗」在電話內給予王幸男資料的，王幸男若被詢問，也無法說出是誰教他做炸藥的，因為他不知道他的真名真姓。

不過，當秘密盟員的壞處是名字沒被放入盟員錄內，有一次他想參加盟員大會，被拒於門外，無法登堂入室。

他自認自己參加很多台灣獨立的重要大事，但他沒涉及彭明敏離開台灣的計謀。我告訴他，那完全是日本人宋重陽的功勞。

　　他提到1988年10月31日蔡同榮的民主聖火長跑，他是抵達華府FAPA辦公室的聖火長跑者之一。但他回台北，遇到蔡同榮時，蔡同榮沒跟他打招呼，好像不曾認識他。

　　談及1970年4月24日當天，他是和鄭英明兩人從波士頓到紐約示威。當黃文雄、鄭自才被捕，坐在警車內開往第十八警察所時，啟典駕車跟在後面。到警察所，他要求和黃文雄見面，被拒絕。啟典只好隔天再到拘留所找黃文雄。啟典一見黃文雄，馬上問他是否會開槍，黃文雄說他不會。啟典感到驚訝！

　　啟典憶起，當時黃文雄年僅32歲，長得一表人才，恐牢獄內性騷擾及強暴同性愛的問題很嚴重，黃文雄向他示意，他要逃走。啟典認為，既然黃文雄要逃走，就該讓他逃走。但張燦鍙、蔡同榮堅決反對黃文雄要逃走的意圖。啟典記得，他和張燦鍙、蔡同榮在電話中相罵20幾次。

　　啟典有綠卡，但黃文雄沒有。本來是鄭英明要負責護送黃文雄到加拿大，因為鄭先生的岳父是調查局人員，所以改由啟典負責載黃文雄到美國靠近加拿大的邊境，也因此，啟典當下改姓鄭。等到晚上天黑，兩人爬過邊境。在一家咖啡店內邊喝咖啡、邊吹口哨。黃文雄向啟典解釋，這是暗號，但啟典還是非常不安，直到有一位台灣人真正出現，把黃文雄帶走，啟典才放下心來，自己回到美國。此後他一直沒有黃文雄的消息。

　　直到2002年，在台北吳三連基金會的座談會中，黃文雄大聲叫喚：

「你是不是啓典？」

「你是不是黃文雄？」

黃文雄告訴啓典，他的心臟有問題。31年未見面，啓典對黃文雄困苦逃亡生活的後遺症感到悲傷。

啓典猜測，由於黃文雄決定逃亡，所以鄭自才也不甘願獨自去坐牢。但有些人猜測，有人對鄭、黃煽動，告訴他們：「聯盟不管你們的死活，爲什麼要犧牲自己去坐牢？」反正各人的猜測不同，但眾所皆知，鄭自才把他逃走的理由，大搖大擺地往我頭上一丟，在1971年7月初飛到瑞士去了。

後來在瑞典，鄭自才與史明相結合，在史明的《獨立台灣》雜誌上挑釁著要國民黨來捉他，蔣政權知悉他的行蹤，迫使美國政府要求瑞典政府於1972年6月30日逮捕鄭自才，引渡回美受審。

鄭自才的逃亡與引渡返美服刑

爲了救援鄭、黃，聯盟凝聚在美有台灣意識的台灣人，洋溢著一股有錢出錢、有力出力的熱情。但鄭、黃棄保潛逃的舉動，使爲這事奔走的人感到洩氣。盟員，如羅福全及周斌明，聽到鄭、黃要逃走的風聲，一起到賴文雄家，想勸告鄭、黃，要他們三思而後行，但賴文雄告訴羅、周，他們已離開了。

在賴文雄家，羅福全及周斌明見到張維嘉。張維嘉那

時由歐來美，推想也許是幫忙鄭自才安全潛逃的關係者之
一。

　　張維嘉於聯盟初成立時，住在法國，負責歐洲對外的
聯絡。他當初的化名是賴堅志。

　　鄭自才被起訴兩大罪狀。法官、律師及副檢察官都同
意，將於1971年7月6日和黃文雄一起宣判，所以以保釋金
9萬元讓鄭自才保釋獄外。直到1971年7月6日，原訂宣判
之期，黃、鄭二人均未到庭。

　　鄭自才早於6月就拿著其他台灣同鄉的護照飛往瑞士
了，但在瑞士拿到政治庇護的機會不大，所以鄭自才決定
轉往瑞典。鄭自才和彭明敏取得聯絡，也受到當年庇護彭
明敏從台灣逃亡到瑞典的教授 Carl Gustaf Bernhard 的幫
忙，申請到瑞典的政治庇護。

　　鄭自才計劃過他的新生活，他到瑞典語言學校學習
瑞典文，也修建築課
程，瞭解瑞典建築理
念及實際應用，他找
到了工作，於1971年
年底把太太及兩個小
孩接到瑞典和他團
聚。他的小孩們都上
瑞典學校，太太也當
老師，過著新生活。

　　鄭自才認為他已

張維嘉　（台灣獨立建國聯盟提供）

取得瑞典的政治庇護，所以又與日本「台獨」系統的史明
合作，他的照片出現在史明的雜誌上，好像自動告訴國民
黨，他身在瑞典。美國經不起國民黨的騷擾，於1972年6
月30日以引渡逃犯狀，在瑞典將他逮捕。

鄭自才決定絕食抗議，同時瑞典人也為他的事件在街
頭示威，瑞典的輿論迫使瑞典國會詳細討論，最後總理不
得不做出二項承諾：

第一，要求美國不得將鄭自才交給國民黨；第二，當
鄭自才在美國服完刑期之後，歡迎他回瑞典定居。

1972年8月，瑞典最高法院裁定將鄭自才引渡返美，
他於昏迷狀態中被遣送上飛機。到英國時，飛行員拒絕載
運他直飛美國，所以又把他送到英國的醫院救治。

已故的黃彰輝牧師曾親自告訴我，關於替鄭自才向英
國政府請求政治庇護的事情，他也奔波了一陣子，這案件
也在英國眾議院討論，結果勞工黨會議提出否認引渡的提
案。他的引渡事件也和英國法院搏鬥，最後由英國上議院
以3比2的票數駁回鄭自才請求免於引渡之訴願案。他於
1973年6月14日被引渡回到美國。

鄭自才於1973年8月8日在美國法院出庭，雷律師仍是
他的律師，起訴檢察官已改由約翰杜利(John Tully)擔任。

雷律師向法官提起鄭自才於緩刑期間的報告表(probation
report)，說他非常聰明，雖出生於外國，他調整得異常
好，在美國拿到碩士學位，有個和諧的家庭生活，當然，
除政治活動外，他完全過著守法的生活，他是一個好鄰

居、好父親和好同事。

　　除美國之外，世界各地的人從英國、加拿大、瑞典、日本及其他各地，都來信請求對被告要仁慈。顯然地，大部分的人不認識被告，但他們瞭解這是政治的犯罪，他們對法院表示，被告是出於政治動機，應給予高度的同情。

　　雷律師嚴重懷疑，被告需要因坐牢而去做恢復心理及精神的復健(rehabilitation)，被告因 Tombs 監獄的可怕，他不僅怕國民黨政府(Nationalist China)會對他下手，也怕監獄內的狀況，才決定離開美國。在這種種情況下，雷律師要求法官，在決定判刑時，能多方考量到每個人，包括鄭自才、社會，以及他的家庭最有利的情況，給予輕度的處罰，使他能重新在這社會繼續賺錢，維持他的太太及兩個小孩子的起碼生活。

　　鄭自才本身也強調，他的犯法是政治的性質和政治的目的，他並沒有從中獲利，相反地，他的全家及他遭受懲罰，他已在獄中一年多，請法官檢閱他的案件，這完全是為台灣人民的自由及獨立的政治掙扎，同時也請看他的一生，懇求寬容處罰。

　　法官回答，他已徹底瞭解這案件，但他的觀點，認為謀殺或企圖謀殺的暴力行為不屬於政治犯罪。這要用刑法處理。因為被害人行政院副院長蔣經國是訪問者，企圖結束他的生命的行為，不能用政治的理由取得原諒。

　　當然，法官考慮多種因素，如被告的背景、成就以及對家庭的責任。他也考慮他的動機及懲罰。被告所犯的罪

狀，最高可判25年。法官同意寬容，但不忽視犯罪本身。

　　法官判決被告企圖謀殺罪最多5年，攜帶武器罪最多5年，兩種罪刑同時進行。他成為"Ossining Correctional Institution" 的犯人。

　　就最後法官的判決刑期來看，把兩罪刑總共判刑5年，這算是非常輕的刑責了。法官已從輕量刑了。鄭自才本身在牢獄中，前前後後已被羈押約一年半的時間，照理說，他只要表現良好，再繼續服刑約一年半，就可假釋出獄了。

　　另外，究竟什麼因素促使黃文雄要離開美國？這當然

筆者攝於當年鄭自才出庭的法院前，2009年9月10日

只有刺士黃文雄最清楚了。這裡有一些看法，供作參考：

　　第一：他的律師或暗示或明示，若刺士不在美國，法院就無法判罪。

　　第二：刺士本人顧慮到牢獄裡同性戀的困擾。

　　第三：聯盟不當使用部分「黃鄭救援基金」的爭議，受到賴文雄周遭異議份子的遊說 。

　　第四：刺士自己不願意坐牢。

筆者攝於曼哈頓法院前，2009年9月10日

第十章
賴文雄扮演的角色

　　賴文雄算是聯盟資深的盟員，當聯盟擴大，需要專職人員時，蔡同榮、張燦鍙及我都同意，請賴文雄擔任其職，他的薪水由每人負擔三分之一。每次賴文雄出去募捐或號召新盟員，常被拒於門外，回到辦公室就垂頭喪氣。1969年7月第二屆盟員大會在芝加哥附近召開，並改選第三任主席。張燦鍙、羅福全及我支持蔡同榮，王秋森等人支持賴文雄。結果蔡同榮高票當選，擔任第三任主席。

　　賴文雄競選失敗，是他退出聯盟的導火線。也可能因此埋下他在日後，繼續領導一群人反對蔡同榮。他算是屬於「成事不足、敗事有餘」的族群，他從事過的行業甚多，據我所知，他當過台大政治系助教、電腦操作員、股票經紀人等。

　　賴文雄在法院和副檢察官法利斯及鄭自才的雷律師之間的對答，周旋於「放棄說」之中(請參閱放棄說章節)。簡言之，鄭自才堅持4月22日黃、鄭、賴會談，產生「放棄謀殺」的結論。賴文雄是鄭自才放棄論的主要證人。他於

1970年是在紐約的皇后區 7415 Woodside Avenue 開雜貨店，他們夫婦及兩個小孩子居住在店後。

　　賴文雄承認，鄭自才在到首府華盛頓示威前的一星期(4月20日，1970是華盛頓示威的日期)來到他的店內，說蔣經國來美，要做些事情(do something)，這"something"，他心裡非常清楚，似有置蔣經國於死地的涵義。賴文雄勸鄭自才要詳細考慮這行動。聯盟在美國的長期目標，是要美國人民及美國政府瞭解台灣人的處境，取消對國民黨政府的援助，我們台灣人才能建立一個自由、獨立的民主社會。若在美國謀殺蔣經國，會傷害我們在美國的印象，美國人民對於暴力的行為會起反感。若要推翻他的霸道及專權主義，是要在台灣起義，讓島內人從事武力鬥爭，不是我們在美國做。

　　賴文雄沒跟鄭自才談話，直到星期三(4月22日)深夜大約11點，鄭自才和黃文雄一起到他的雜貨店。賴文雄看出鄭自才的內心仍然非常混亂。賴文雄堅決反對任何企圖謀殺，但黃文雄告訴他，要消滅蔣經國，因為蔣經國是國民黨政府的象徵，他是秘密警察的真實頭目，若消滅蔣經國，可能台灣會有所改變。

　　賴文雄告訴黃文雄，這種個人的行動，沒有什麼好處。賴文雄覺得被告鄭自才聽了黃文雄的話後，更加搞不清楚，鄭自才比較傾向黃文雄的看法，但不知該如何實際去做。賴文雄堅決反對他們的看法，他費了1、2小時的時間去說服他們。後來他們向賴文雄說，他們將放棄任何要

做這些事情的想法。他們找賴文雄的目的，是想向他請教意見，所以沒提到他們有槍，也沒提到企圖謀殺蔣經國的方法。在法庭內，賴文雄也被詢問424當天的示威活動以及事件發生後，警探到他的店內，要他到副檢察官法利斯的辦公室接受詢問。

賴文雄對鄭自才是否有讓蔡同榮主席知道謀殺的企圖，他說他們知道蔡同榮會反對，所以鄭自才一定沒和蔡同榮談及此事。關於鄭自才要我帶槍去紐約，及期待我在星期五要拿槍給他，賴文雄說鄭自才沒告訴他，鄭自才在訪問他的早上先去購買槍彈，也沒告訴他。

賴文雄的證詞，承認鄭自才及黃文雄有謀殺的想法，但他自己對於槍及槍彈都沒見聞，副檢察官法利斯捉住把柄，大大攻擊「放棄論」。

實際的情形是，蔡同榮對我的提議，不被我接受，鄭自才受到暗示，他邀請就讀康乃爾大學的黃文雄(他當時的太太黃晴美的哥哥)、賴文雄參加討論，黃晴美也從頭到尾知情。鄭自才心裡決定，在蔣經國抵達紐約市的時候，也就是他們這個刺蔣計劃付諸實行的時候。1970年4月22日晚上，他們3、4個人在一起討論細節，當問到由誰開槍時，一片沉靜，鄭自才無法度，說他去開槍，黃文雄講不行，因為他有老婆、孩子，這犧牲太大，所以黃文雄自願去開槍。在黃文雄的〈424刺蔣事件的回顧與反思〉中，他說：「本來是說好由我、賴文雄和鄭自才抽籤決定誰去開槍，但鄭自才是我的妹婿，和賴文雄一樣，有妻子兒女，

我很早就決定由我去執行比較合理，外國朋友行前也已替
我辦了告別會 。」

賴文雄在「424刺蔣事件與台灣」座談會中談到，事
發後他和黃晴美回家處理其餘的手槍，那時他還不知道槍
的來源，以為是隨便買來的，其實那是有登記、有編號的
槍，美國聯邦調查局(FBI) 很快就掌握了證據，無法抵賴，
倒是黃、鄭兩人完全扛下，沒有供出賴文雄，所以賴文雄
沒有受到牢獄之災。

其實從一開始，賴文雄知道鄭、黃要去刺殺蔣經國，
他就不贊成。最後他會在四二四事件出庭作證，我的看法
是，就因為順著他的不贊成而引申出所謂的「放棄論」。

賴文雄先生生於1932年，在2012年12月22日於台中逝
世，享年80歲。

第十一章
嫁禍於人和同志愛

盟員大會中對我的控訴

　　1971年7月，在 Denison Univ. Granville, OH.，由現在已故的鐘桂榮教授召開全美台灣獨立聯盟「盟員大會」。鐘教授是我在台灣大學法學院的同學林英娟的丈夫。當時我正在路州西北大學教書，郭嘉明、林振榮、郭宗樑等人從德州休士頓順路到路州來載我，為了節省旅館費用，我們輪流日夜開車赴會。

　　開會前，彭明敏老師曾打電話警告我，說鄭自才、黃文雄棄保逃亡，王秋森將作鄭自才的代言人，要在大會控訴我。

　　果然，王秋森在大會發難，指控由於我的出庭作證，對鄭自才的官司相當不利，可能被判重刑，所以鄭自才、黃文雄才決定要棄保逃亡。

　　在會場中，我很驚奇，也不知道被判重刑的涵義。後

來有機會查閱法院證詞，才水落石出。(請參照第七章〈鄭、黃被起訴和放棄論〉)

　　這項指控是鄭自才第一次嫁禍於人，40年來他都把棄保潛逃的擔子咬定由我獨擔，但對於他在警察所的談話，自己出庭的口供前後不一致，讓檢察官擊破他的可信度而被判重罪的過程，卻隻字不提。套一句他常在法院說的證詞：「我忘記了！」

　　鄭自才在監獄中和保釋出來後，都跟我有聯絡，我們是用公共電話，以避免聯邦調查局的監聽。他保釋出獄後，非常不滿意主席蔡同榮的處理方式，譬如基金會是用他的名義去募款，他主張應有控制該基金會的權利。

　　6月初，他打電話給我，說要出來競選美國本部主席。我勸告他，他有坐牢的可能，等事情過後才出來競選，我一定支持他。

　　自從我反對他競選後，他就沒再跟我聯絡了，如今他將逃之夭夭的理由全部倒給我，而全會場卻也啞然無聲，沒人敢替我說一句公道話。那滋味，我終生難忘。

　　刺蔣案後，聯盟內部爭議不斷，當時賴文雄、王秋森，甚至鄭自才本人，都認為這是對外宣傳的好機會，即使聯盟被迫解散，也是值得。

　　他們也都認為，蔡同榮對這案件處理不當。蔡同榮在這緊急關頭，不知道如何處理，就拍拍屁股走了，於1971年6月號的〈盟員通訊〉內宣佈不擬連任下屆美國本部主席，這是蔡同榮一貫「虎頭老鼠尾」的作風。

　　後來美國本部主席由賴文雄的密友鄭紹良接任，聯盟總本部主席則在1972年元旦由彭明敏接任。鄭紹良主張召開公聽會，想把事實弄個一清二楚，但這牽連到美國法律問題，我不贊成。

　　2000年返台和黃昭堂談起往事，才知道鄭自才當時也曾寫信給他，要黃昭堂支持他出來做主席。但因為大家都認為他在獄中，無法處理主席的職務，乃婉轉拒絕他的要求。

黃昭堂 （台灣獨立建國聯盟提供）

由左至右分別為羅福全、彭明敏、周烒明、蔡同榮。 (台灣獨立建國聯盟提供)

1967年攝於奧克拉荷馬大學,左起李賢淇,陳唐山,筆者,邱震華。

　　鄭自才一直都是做「頭」心切吧，他於1992年翻牆入境台灣，被判一年有期徒刑，也是在獄中出來競選民進黨台南縣縣長候選人。

　　鄭自才對我的控訴，影響力很大，連平常和我合作無間的海外聯絡組的盟員也對我不屑一顧，認為我不應出面作證，及證詞未顧及同志。從此，我成為四二四事件的罪人，我算是啞巴吃黃蓮，因為有很多事情不能講，也有很多事情公說公有理，婆說婆有理。

　　就這樣，聯盟不再派任我，我像一隻被宰的羔羊，只好默默地離開我一生所願投身奉獻的台灣獨立運動。

　　1979年，張燦鍙路過路州，勸我歸隊，我婉拒。

不同面向的「同志愛」

　　2008年4月19日，星期六，我約黃再添夫婦在拉法盛廣州樓相談。

　　黃再添來美留學時，林振昌是他的室友，張燦鍙是林振昌的姊夫。再添本人認為張燦鍙是他所要追尋的領導者，所以1979年張燦鍙一畢業，他就到聯盟做專職人員。

　　當時他認為盟員普遍沒有社會科學常識，所以和洪哲勝組織讀書會，當他們研讀馬克思書籍時，張燦鍙拜讀歷代君王錄，彼此思想上有著明顯的差異。張燦鍙常拿芝麻小事攻擊洪哲勝和他本人。1984年黃再添和洪哲勝退出聯盟，適逢許信良來美招兵買馬，黃再添轉加入該陣營。

黃再添向我提到，賴文雄等人一向認定，聯盟為保護組織，對鄭、黃一點也沒有同志愛。

我們道別時，再添說：「你被冤枉快40年了，這實在……」他搖搖頭。

是的！這也許就是「同志愛」在我內心萌芽，讓我有勇氣保持緘默超過40年，一點也沒埋怨的理由。我被扯入這漩渦，只有自認倒霉。

1971年7月的盟員大會，聽到鄭自才對我的控訴，沒人替我喊冤，我個人當時很失望。

其實為了救援鄭自才，我也不落人後，甚至寫信給麥高文參議員(Senator George McGovern)，及當時紐約市市長林西約翰(John V. Lindsay)，他們是共和黨自由派，很同情台灣人的立場。

對這件事，我已盡力為之，沒想到硬被扣上陷害同志的罪名，更萬萬想不到王秋森、賴文雄及鄭自才又利用在1980年8月26日於洛杉磯復刊，由許信良、陳婉真等人負責的《美麗島》周報，對我挑戰，質問我藏在何處？要我站出來辯論。本來我沉不住氣，想要回敬一番。但最後還是忍了下來，沒吭一聲。

有一期由邱義仁執掌的美麗島社論，大加撻伐台獨聯盟，並且對我大大「修理」，可謂大剃頭。(Get hairs cut，是美國國會通用整肅反對黨的名詞。)

但是風水輪流轉，19年後，邱先生在陳水扁總統任期屆滿後，也遭到國民黨大剃頭。

　　當然，我總覺得很委屈，鄭自才讓我陷入「黑名單」的深淵。每次我的好友張俊雄看到有人的名字從黑名單中被拿下來，他總告訴我，不要輕舉妄動，聽他的消息。好不容易，1993年我成為「黑名單」最後一個被解除的人。當年3月我興奮地回到離別31年的故鄉，但已人事全非。回美後，有一天晚上，我將內人搖醒，告訴她我的故鄉只存在我的夢裡。

　　因為那次返台，在「台灣e店」碰到鄭自才，我們只打招呼，沒有寒暄。

　　鄭自才離開聯盟後，口口聲聲要推翻聯盟，想不到37年後，他卻又在聯盟機關雜誌《共和國》(2007年5月 第54期，第17頁)，將我變成證明他有罪的關鍵人物。

　　〈誰證明鄭自才有罪？〉發表於《共和國》第55期(2007年7月，第24頁，見附錄)，是我第一次公開和大家談起這件事。由於廣播電台及記者，或一般知悉或有興趣四二四事件的關心人物的催促，我像野人獻曝，把些許真相稍加透露。

　　其實，若瞭解黃、鄭「四二四」全部審判過程，稍微有腦筋的人，很容易就可看出，鄭自才的免罪機會是比聖經上說的「駱駝穿過針鼻」更難矣！

　　「誰證明鄭自才有罪？」——對不起，恕我直說，根本就是鄭自才不打自招惹來的。

　　致於賴文雄等人的「同志愛」，看來只是合理化他們對當時聯盟領導層的不滿、不服，但難道當時其他聯盟盟

員和一般海外台灣同鄉助贊黃、鄭行動的人，就沒有同志愛嗎？

左一吳滄洲，左二筆者，中間張俊雄，右一蔡同榮

筆者和台灣e店老闆吳成三攝於1993年3月

第十二章
蔡同榮和我

一起踢球的夥伴

蔡同榮於1935年出生在嘉義縣新塭。在台南一中初中畢業後，轉入嘉義中學高中一年級，正好和羅福全相反，福全自嘉義初中畢業後，轉入台南一中。我們常常一起踢足球，雖然我慢他2年。記得當時有許多人參加這種活動，包括陳唐山、高坤元、賴澄江(當時有名的守門健將)、嚴德星、廖日嘉(其外公為嘉義名醫黃文陶)、陳嘉仁、韋正哲(以後進入軍校，官拜陸軍上將，一度派任防衛台北總統府)。

家父所經營的貨運車，時常受雇去布袋嘴新塭仔附近，載蔡同榮其父蔡閂運虱目魚去嘉義市，當時因為沒有冷藏設備，只有用冰塊保持冷度。

記得「空杉」—陳福杉(陳明仁之父)的貨車也常受雇運虱目魚去嘉義市中心販賣。

國民黨有鑒於在中國大陸痛失江山，認為必須控制學

生運動，所以從中學、大學開始就派遣其子弟兵，滲入校園。

在大學時代，蔡同榮是很活躍於社團的人，這可謂和當時的嘉義朴子人陳炳杞在台大當代聯會主席有所連動。因為我們都是從嘉義中學畢業的，學長學弟互有影響。

在蔡同榮要競選台大代聯會主席時，我擔任他的副手，幫其競選拉票，和當時代表國民黨的另一位競爭者張旭成做競選。最後，蔡同榮以一票之差險勝。

爾後，不論是辦理《公論報》，或是日後成立「FAPA」，我都參與其中；更甚者，日後他請我帶著黃彰輝牧師在美國各地做巡迴演講，足跡遍及密西根、紐奧良、聖路易斯等各大城市拜會鄉親，甚至遠征至西雅圖和加拿大溫哥華等地，我皆義不容辭。

學生時代，蔡同榮常來我們位於台大第四宿舍的24室串門子。24室是當時被捉走最多遭國民黨抹黑為思想犯的一間寢室，包括侯榮邦、鐘廖權、劉家順等人。

關仔嶺會議的成員

1960年2月，蔡同榮當預備軍官退伍後，因來不及辦理出國手續，趕不上美國各大學研究所春季班，於是跟陳安瀾、侯榮邦等具有強烈台灣意識的朋友們組織起來，召開關仔嶺會議。

會議於1960年6月19日召開，40幾人參加，大部分是

台大畢業生，也有其他大學校友，甚至於中學畢業生。由
於此聚會屬於秘密性質，是用「個別叫人」的方式進行。
我曾是侯榮邦的室友，在他當面打招呼下，我欣然同意赴
會。我算是較年輕的一輩，當時我是台大法律系司法組大
四學生。

　　我記得當時張燦鍙當憲兵，和林啓旭乘坐一部摩托車
前來赴會。為了要趕路，騎過未乾的瀝青路，被警察抓到
派出所，登記有案。這可能和以後劉家順供詞相印證。

　　開會地點是關仔嶺旅社。旅館主人胡寬川很熱心支持

羅福全　(台灣獨立建國聯盟提供)

這次的會議。投宿者只有參加會議的人，沒有其他旅客。

開會共兩天，討論台灣的前途及如何對付欺善怕惡的外省人。最後以結拜的方式，保持相互間的聯繫。

該年9月18日，劉家順在機場詢問他的護照(當時護照是由警總核驗後拿到機場分發)，警總人員說已被吊銷，他隨即在機場被捕。

我與劉家順同是台大第四宿舍的室友，家順常自命不凡，因為他是台中一中台大保送生。那時保送生大多志願台大醫學院，家順是唯一志願政治系的。

他的被捕是因為他當兵時，常常說他要當台灣國的總統。警總人員告訴劉家順，如果他把所有罪過交代清楚，就可以馬上讓他赴美留學。他信以為真，也把治安當局不知情的關仔嶺會議全部招供出來。

根據他的自白書，侯榮邦、侯榮楣及陳安瀾等被逮捕，他們被關在由日本宿舍改成的特務審問中心。該審問中心位於嘉義公園農林試驗所附近。

侯榮邦堅持該會議只是結拜兄弟會，沒有一點政治色彩。他僥倖被放出來，趕緊到日本留學。陳安瀾坐了3年牢，後來做外交官，被錢復提拔，當他的秘書長。2004年他是監察院機要秘書。

參加關仔嶺會議的盟員，有些留在台灣，像黃崑虎、黃崑豹兄弟，是後壁寮人，躲在鄉下從事養雞業，所以沒被國民黨騷擾。黃崑虎現在是台灣養雞大王，曾擔任李登輝之友會全國總會會長。

　　羅福全、侯榮邦等在日本成爲日本「台灣青年社」的秘密盟員。1963年羅福全到費城後，經由蘇金春的介紹，認識了陳以德，不久即成爲他的主要幫手。羅福全建議並安排 UFI 的陳以德和「台灣研究會」的周斌明共同具名，邀請各地的台獨團體代表或不屬任何組織的有志之士，於1965年10月29、30兩天在威斯康辛大學召開「麥迪遜會議」，此會議爲後來「全美台灣獨立聯盟」的成立打下良好的基礎。

　　蔡同榮、張燦鍙和我到美後，分別在各地校園分發《台灣青年》、《台灣通訊》等刊物，進行思想啓蒙工作。我在奧克拉荷馬大學諾曼校區，張燦鍙在休士頓，蔡同榮則於洛杉磯，同時進行鼓吹台灣獨立。

　　這些參與關仔嶺會議的人幾乎都上了「黑名單」，他們出國到日本、美國後，個個都成爲台灣獨立聯盟的重要幹部。

　　我出國前答應母親，有朝一日若黑名單的政策解除，我一定至少每年一次回台探望她。很多年我歸台心切，好友張俊雄屢次勸告我，告訴我時機未到。1993年，張俊雄終於確定最後一個黑名單的我也被解除。

　　我於陳唐山第一次被選爲台南縣長時，第一次回到闊別32年的故鄉，重訪關仔嶺旅社，檜木建造的舊舍仍如昔日，但斜對面舊日本式的聽水廳已不見蹤影。

侯榮邦(右)與黃昭堂在日本絕食抗議中 (台灣獨立建國聯盟提供)

四二四事件幕後主使者之一

1970年5月,我被美國法院陪審團調去紐約審問。律師(是聯盟的主要律師)認為我不需要回應陪審團的問話,因我有行使緘默權的權利,為此,陪審團給予我豁免權,希望我能夠吐實。

我自己對於陪審團的應訊,有兩個主張原則:

一、盡量減少424事件影響層面的損害。

二、減少對聯盟的牽連。

應訊當中,陪審團一直詢問關於蔡同榮的事宜,似乎

想將之關聯起來。

2007年我去拜訪法利斯時，他也提到當時他們有想要捉住蔡同榮，但都苦無對策和證據。

他也提到當時蔡同榮也有行使緘默權，並要求換取豁免權，但陪審團拒絕他。因為，他們揣測蔡同榮應該也是幕後指使者之一。法利斯的推測是完全正確的，蔡同榮日後自己也在刊物上，正式承認聯盟領導層級有參與其事。

但也因為我的證詞，讓陪審團無從把蔡同榮扯上關聯。在從陪審團作證完後，我和蔡同榮相約於紐約皇后區的海邊見面(因為怕被跟蹤和錄音)，我當面要他注意，陪審團有想要提訊他的跡象。

因為蔡同榮在424事件的處理，引起聯盟內部人員的微詞和不滿，他見勢不對，即要求我辭掉聯盟的相關職位和負責的事項，他本身也不再連任。

在鄭紹良繼任聯盟主席時，他受賴文雄慫恿，想要召開鄭自才和我的公聽會，但當時因為此案件還在調查審理當中，為避免事態擴大和防範內部消息走漏，讓陪審團坐收漁翁之利，以及基於我自己所堅持的兩個原則，所以我予以拒絕。

不久之後，張燦鍙提議來組個聯盟的對外聯絡部門，此部門當初的用意是在於對外發聲，以輔助聯盟的不足，也就是外交部門。因此，FAPA誕生了，蔡同榮當選第一任主席(1982年)。

在當時，FAPA內部出現了兩派主張，認為要加入此

部門者，只能在台灣獨立聯盟和FAPA之間選一個，據此主張者認為，FAPA並不是聯盟的一個部門。這個爭議一直沒有解決。

做完首任的主席之後，蔡同榮一樣是拍拍屁股，揮揮衣袖，又走人了，典型的「虎頭老鼠尾」。

對蔡同榮的評價

蔡同榮於2013年12月18日中風昏迷，於隔年1月11日拔管宣佈死亡。

在台獨運動中，他有很多的貢獻，但也有不少的問題產生。

他的貢獻是，他像水滸傳的宋江一般，很會招兵買馬。這在戒嚴當時，能夠吸收一群愛台灣的青年才俊，建立組織，對抗擁有60萬大軍的國民黨，甚至在美國時，也積極海外遊說，關心台灣獨立的問題。我想，這是他個人很大的魅力和交際手腕。

他在1990年回台，仍然能利用自己的才能和關係為基礎，繼續發揮長才，為台灣獨立的目標而前進，他被世人肯定是很會招募人員並募捐基金的人才。內人和我常常「講笑」，若同榮仔打電話來，不是「要錢」就是「要命」。目的達成，他就馬上掛斷電話了。

但，人畢竟是人，仍有美中不足之處。他的政治野心往往讓其陷入困境。

在台灣最明顯的例子就是，他和張燦鍙同時競爭民進黨的黨主席，最後兩敗俱傷，讓施明德得利。甚或在美國時，因謀生持家的能力是操在其夫人，所以遇到要捐款時，往往無法慷慨解囊，甚至讓人批評爲自私和小氣，也因此，無法讓眞正無私奉獻的人才爲其效力。

還有在處理賴文雄、張文祺等異議份子上，他記取過去UFI的失策，每次選舉後，落選的派系就會脫離台獨團體的教訓，所以他延攬了賴文雄，特別聘用他做聯盟的專職人員。

至於張文祺事件，雖然我數次提起要包容不同意見的同志，但他似乎有「あにき」(老大)的心態，不肯容納張文祺，因爲張文祺追隨鄭自才，也要出來競選聯盟主席，當然沒有成功。但張文祺不滿蔡同榮和其派系人馬，似乎連帶也把我本人恨之入骨。

最終他的這種心態在1993年的台灣爆發出來，當我從最後一批黑名單(據說共有5人)被解除後，自1962年離台飛美，事隔32年後，第一次踏上台灣島，卻收到張文祺從瑞典寄給陳銘城對我的一些人身攻擊的信函，他甚至要求陳銘城將其刊載在《自立晚報》，被其拒絕。

1970年漢文版的《被出賣的台灣》脫稿時，我遭遇最大的困難點，是募集資金來印刷，當時蔡同榮不但未出力，甚至不贊同並拉後腿，最後我仍堅持要出版，幸好遇到一位來自台南麻豆的郭榮桔醫生鼎力相助，此漢文版的書才終見天日。

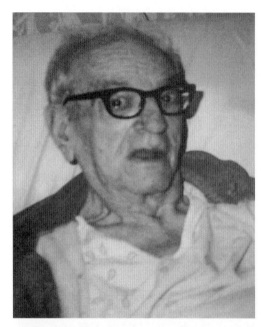

喬治柯爾(George Kerr) 和
筆者攝於1991年4月2日夏
威夷

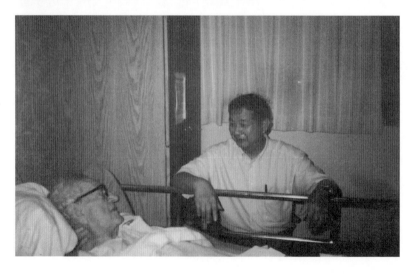

　　像蔡同榮這種「me、me、me」的人格特質，使他在民進黨中是屬於少數的一群，並無「死忠兼換帖」和其一起努力，陷於孤立的地位。在聯盟當中，他是一個創始者，但為了好名，不計後果如何，將沒有狙擊經驗的「少年家」鄭自才及黃文雄拉進刺蔣的漩渦，是「別人的囝死未了」！

　　若要對蔡同榮的政治生涯下個結語，是他似乎沒有政治雅量，沒有培養政治後繼之人，他是一位很好的政客而不是政治家。他一生中提攜出來的兩位，一位是王明玉，目前服務於民視，另一位是王巧容，目前還在美國FAPA總部服務。

　　一位好的政治家，應該是無私的，要能夠盡量秉著傳承的觀念去培養出優秀的下一代，而不是擔心其他的人會瓜分掉自己的政治舞台，將資源都霸佔著不放。我觀察海內外的獨立建國路程上，除了李登輝總統以外，至今還未見到一位有眼光、本著疼惜台灣的心、來行走獨立建國的天路歷程的人。

2004年3月李登輝前總統和筆者攝於其官邸

結語

　　讀者們和我作夥，空間上從巴西聖保羅城到紐約曼哈頓(Manhattan)地方法院，時間上則從1969年到2014年，由20世紀走入21世紀，好像時空交錯，無頭無尾。所以我最好用結語來向讀者們作一個交代。

　　本書的結構是用第一人稱來講述四二四事件始末，事實內容的記述，切實符合當時發生情況，以客觀性、迴避政治及自我宣傳性，來作歷史性的交代。在每一章節中，作者加入一些評判，是當時1970年代的斷言，讀者們請瞭解，20世紀發生的代誌，是不能用21世紀的標準來判讀的。

　　本書初稿於1970年代末就已完成，但一直遲遲未發表，實在有很多顧忌。這一年來(2013-2014)，事件重要人物如賴文雄、蔡同榮相續去世，歲月不待人，本人也已入77年紀，一者不想再「沉冤莫白」，二者感覺應對台灣後代作一小小的貢獻，希望這些經驗能夠傳承後代，作他們日後帶咱台灣百姓，走入台灣人的迦南地的參考。政治智慧

是累積的，應記取歷史的教訓，逃避不利，借重有利。

我寫這本書，儘量用台灣話，希望能拋磚引玉，讓大家能發揚光大我們的台灣話，走上台灣本土化，「台灣加油」！Go Taiwan!

自「四二四事件」發生，因為志士黃文雄所用來驚天一擊的手槍是登記在我的名下，我像被「鬼打著」，無端捲入事件中，成為關鍵關係人，而不得不在美國檢調追查壓力下，向承辦法院在陪審團面前出庭作證，我多年間因此所受到的同志詰難、排拒；同鄉質疑、嘲諷、挑釁……，本來我都強自按耐，「吞忍」下來，我認為「槍」的事實就擺在眼前，事實就是證據，「人言」也者，讓它隨風去。

但是自九○年代以後，島內政治情勢變化，隨著海外黑名單人士返鄉運動熱潮，「刺蔣案」當事人當然成為島內反對運動界及政論媒體界極度關注的對象，然而「刺士」黃文雄猶浪跡天涯，另一「受難英雄」鄭自才就有很多發言揮灑的空間了，但是他有關四二四事件的陳述，對我許多悖離事實的指摘，再把我「白白布染到黑」，我開始有了在適當時機要把事實真相公諸於世的想法，因此也展開萬里追蹤，一路查訪的行程，包括訪問當時起訴鄭自才的檢察官本人，鄭自才的辯護律師，……並調出四二四案審理過程及最終判決的法院文件，讓原始資料說話。

　　說起鄭自才的「畫黑漆白」，他在1990年7月《政治週刊》第281期受林康先生專訪〈細數「刺蔣案」來龍去脈〉，是他在台灣對我「有的放矢」的起端。林康請他「談談你應訊的經過」，他說：

　　「當時大家擬定的策略是由黃文雄認罪，承認開槍，至於我的部分，如果陳榮成不出面作證說是我要他準備把槍帶上來的，陪審團就找不到我涉案的證據。

　　但是，蔡同榮卻拒絕打這通電話給陳榮成，以致當警方把他從路易斯安那押到紐約後，他就和檢方達成交換條件，由他在庭上認罪，以換取較輕的刑期，陳榮成於是和盤托出，陪審團也就因此判我有罪。」

　　對於他的自圓其說，我好幾次想出來辯解，但後來都作罷，有四大原因：
　　(1)對鄭自才來說，他的犧牲已很大。至於他對我無理的控訴，我也不去計較，我想保持一般人對他的形象。
　　(2)牽涉到美國法律問題。
　　(3)不願個人的英雄行為，將「台灣獨立聯盟」被美國政府列為非法暴力組織，中了國民黨的計。台灣獨立運動中，聯盟為台灣前途向前邁進，不是其他在海外的任何組織能媲美的，很多組織只是曇花一現。
　　(4)個人對黃晴美女士為台灣獨立做很大的犧牲，她捲入此場無妄之災，遭逢此巨變感到遺憾。特別是，這不

是她自己選擇的人生路。希望她的後半生有幸福的生活。

　　針對「我和檢方達成交換條件」，鄭自才有什麼證據？已過40多年，我還不知，沒見到、沒聞到、沒吃到交換條件。反而從檢察官所得到的是「不友善的證人」，是對鄭自才及聯盟有利的證人，間接也救了蔡同榮及台獨聯盟。

　　有關「庭上認罪」：我上法庭作證，是以證人身份，不是被告的身份，沒有罪狀可言。

　　內人常笑我：「衰 ka 落頭毛，鄭自才『賴』你超過40年，他自己的一錯再錯，都算沒有錯。」

　　他的無知(Ignorance)，是從黃文雄被制伏，他走過去就開始了。在《共和國》雜誌第54期第16頁(2007年 5月)，他自己也承認，他若無走過去，可能 ma 無代誌。

　　我個人的看法，鄭自才有六大疏誤，供做參考：

　　(1)不該用有登記的手槍。當黃文雄的手槍被警探詹姆斯取獲時，他已記住槍枝的登記號碼G42964。

　　(2)黃文雄被制伏，他見狀想要搶救黃文雄，聰明的人，應該像蔡同榮，急速溜走，就不會有在後續的發展了。

　　(3)出病院，被押至第十八號警察所，當天下午4時和詹姆斯談話並被錄音，自才已全盤托出，講完後才發現不妙，才再要求律師，但錯誤已經造成了。

　　以後法利斯就是依據這個記錄，有系統地在法庭建立意圖謀殺之說，並駁斥鄭自才的「放棄說」。(請參照法院證

物三)

(4)審判時出庭作證。被告有權利不出庭，他卻違反雷律師指示，堅持出庭。

(5)星期三中午到 Peekskill，NY 購100粒點22手槍的子彈，交易完成後，被 Harold Flynn 登記，且立刻向當地警察局報告。

(6)放棄論(Abandonment theory)不被接受。

星期三晚上11點，他和賴文雄(Frank Lai)談放棄刺蔣的企圖(開槍前，兩人還在談話，黃文雄也沒作證他放棄)，沒被陪審團採信，結果所有12位陪審員都認爲他兩罪狀都成立。陪審團全體只花不到一小時，就認定鄭自才犯了兩大罪狀！

以上的疏誤，完完全全是沒有壓力的錯誤(unforced errors，見圖解)，簡言之，是自做自受。作者常自嘆，鄭自才爲什麼不尊重他人的建言？

我們再回到「誰證明鄭自才有罪？」的題目上，這種自我傷害(self-inflicted wounds)，是相當令人傷心的。作者也常問，那些週遭的同志，諸如王秋森等等，口口聲聲發揮「同志愛」，爲什麼不供給自才兄一些政治智慧？自才兄3、40年來，在報章雜誌或電台電視場合，以「打人喊救人」的姿態，說他的被判有罪，都是陳榮成的不利作證，才有如此下場；他一面要作英雄，一面又裝作受害者(victimization)，這種要有蛋糕又要吃蛋糕(have a cake and eat it)的魚與熊掌兼得的宣傳，是眾所不及的超人伎倆，難怪他的攻擊方式周旋在人格謀殺(character assassination)上，效果相

無壓力過錯

(Unforced Errors Diagram)

使用登記手槍

第18警察所口供

四二四現場

子彈購買之証據

放棄說和賴文雄之作証

由 *Circumstantial Evidence* 進入
Direct Evidence

當有成就。讀者們若有機會翻閱一些報章雜誌，很容易發現，編輯人先入成見，幾乎百分之百接受「不利證詞」的說法，沒有幾個編輯人會退一步想一想，手槍有登記號碼，證物不會說謊，但人會說謊(number does not lie, people lie)。在自才兄的說詞中，我變成真真實實的爭拼球。(piñata，這是小孩生日的遊戲，piñata是用紙做成動物的型態，裡面裝糖果等，掛在高處，每個小孩們輪流用木棍打擊，直到裡面的東西掉完爲止。)

現在我仍和40幾年前的看法一樣，「四二四事件」客觀條件不成熟，計劃不周全，成功率微乎其微，致使受害者犧牲太大，包括提供抵押品的幾個家庭。

當時蔡同榮當主席，他對這事件要負重大道義和政治責任，他不但沒反對這件事，且默默完成己願。他算很僥倖閃避了美國的刑事責任。

整個的事件，對很多人有深遠的影響。就我個人而言，我一直認爲我要再回歸故鄉的懷抱，是不可能了。就這樣，我不得不大大修正我的人生方向，有了在美國定居的打算，因此，從那時刻起，我將自己的小孩努力栽培他們融入美國社會，不再像從前，總認爲要鮭魚回鄉。我回去故鄉的夢，破滅了。這究竟是一個悲劇或是喜劇的結局呢？我自己也不清楚。

我想請問諸君，若同樣的事件和情形再發生一次，你會如何做呢？我不知道別人會如何做，但我，仍然不後悔自己走過了這條各各他的路。

我不後悔自己參與了台灣獨立啓蒙運動，但做夢也沒

想到會被抹黑，斷送我為台灣獨立運動再盡力的機會。

　　對在美台獨聯盟而言，士氣的影響發酵，特別黃、鄭突然出走，內部領導層之轉換，初期學文法商科同志們幾乎一掃而光，領導層轉入技術者主持(technocrats)，對政治、經濟、社會問題，似乎不太熟悉，政治智慧(political wisdom)之缺乏，對以後2、30年的運動有相當大的打擊。

　　對台灣局勢，有台灣化(Taiwanization)的喚醒，特別是李登輝先生接任KMT主席和總統職位，後來又有陳水扁8年的執政。但是中國那邊的經濟成長，也給予台灣極大衝擊，有抵銷台灣化的傾向。台灣人去中國求經濟發展，也在意識上深深體會到，他們終究是台灣人，與中國人有相當大的差別，這可由50萬台灣人在上海市集中住在一區，明顯覺察出來。

　　我們已作夥走過四二四的路程，很顯然，在1960年代，疼台灣的少年人要消除獨裁的蔣政權，一如2014年的台灣青年落腳立法院，討論如何處理出賣台灣的馬政府。

　　我們沒有機會問：自才兄為什麼做出這一連串的決定(why he did it?)，沒有人，包括作者本人，想去和自才兄爭取舞台，他是一枝獨秀，全舞台由他自導自演(Credit due to him solely.)。反言之，自導自演也要自擔，他該自己揹上比木材更重的鐵十字架，走各各他的路。

　　他拒絕第一流律師的勸言，自己對副檢察官的詢問，常常有所出入，使他個人不成比例(out of proportion)地浪費資源，更使疼痛和愛顧他的人嘆息。

　　俗語講「羅馬不是一日建成的」，本書的資料搜集，有關人事約談、場地考察，費時費力，幸有許多親朋戚友鼓勵關心，這些沈默的英雄(unsung heroes)，無法一一列舉姓名，借結語一章表示感謝。吳滄洲夫婦從1979年開始幫忙，是我從商的啓蒙者，是我的至交，還有路州 New Orleans 的朋友們：呂世興夫婦，李清根夫婦，吳建信夫婦，王天合夫婦；舊時奧大同志，陳唐山夫婦，李賢淇夫婦，邱震華夫婦；舊日聯盟同志侯榮邦等，我都要萬分多謝。

　　最大感謝屬於前衛林文欽社長，他對本書從書名、封面設計到內容文字修飾，都提供了專業道地的編輯人意見，並且予以出版。

　　另外，我也要感謝在華爾街(Wall Street)工作的兒子奧利佛(Oliver Chen)，他慷慨解囊，寄付一切出版費用。

　　書內文責全由作者本人自負。

　　　　　　　2014年4月10日脫稿於波士頓(Boston, MA)

〔附錄一〕
「四二四事件」相關重要日期

(1) 1969年7月，蔡同榮當選聯盟美國本部第三任主席，
海外連絡組職務由我負責。

(2) 1969年7月，我隨即到巴西，成立組織等工作。

(3) 1970年2月28日，購買點25 caliber Beretta手槍及子彈
一盒(50粒子彈)，登記號碼G42964。

(4) 1970 年3月2日，購買點22 caliber Beretta手槍及子彈
一盒，登記號碼#39445。

(5) 1970年3月，知悉行政院副院長蔣經國來美，蔡同榮
等認為我應有所行動，我積極反對，因為時機、槍
手都不成熟，而且不贊成在美國行事。

(6) 1970年4月初，鄭自才來電，說明他將承擔海外組織
部的任務，要我交回所有的文件，包括那兩枝聯盟
出錢購買的手槍。*鄭自才宣稱他做成決定後，我才
接到指令，負責提供作案所需的武器，完全是片面
之詞。

(7) 1970年4月17日，我乘坐 Delta Airlines 到 New York，
在鄭自才家過一夜，將文件及兩枝手槍交給鄭自
才，囑咐他該兩枝槍有登記，除了做練習之用，不
可有其他用途。當時也交出一盒30粒子彈，一盒40

粒子彈。我19日回路州。

(8)　在電視上看到刺蔣的新聞。4月24日中午，黃文雄開槍，與鄭自才兩人被捕。黃文雄被搜查，身帶美金400元。Mr. Elliot Butler (motion picture cameraman)被ABC電視台指派採訪蔣經國訪美新聞，拍到鄭、黃在開槍前許多鏡頭。

(9)　台灣人熱烈捐款，設立「台灣人權保衛委員會」。

(10) 1970年5月26日，鄭自才獲准交保，保釋金9萬美元。

(11) 1970年7月8日，黃文雄獲准交保，保釋金10萬美元。

(12) 1971年5月17日，鄭自才被控兩大罪狀：企圖謀殺罪及唆使罪宣告成立，決定7月6日判刑。

當天下午2:30，12位陪審員進入法庭，陪審團只送一傳單"Clarification of Abandonment"(Exhibit A)。

下午3:05 入內繼續討論。

下午3:25 出庭，12位陪審員都同意鄭自才犯罪。

(13) 1971年6月底，鄭、黃棄保潛逃。

(14) 1971年7月，在Denison Univ. Granville，OH，由鐘桂榮教授召開「盟員大會」，會中王秋森作鄭自才的代言人，第一次控訴我。

(15) 1971年8月，鄭自才向瑞典提出政治庇護。

(16) 1971年12月，鄭自才的妻子黃晴美帶著大女兒青青、小兒子日傑到瑞典團聚。

(17) 1972年6月30日，美政府向瑞典提出引渡鄭自才的要求。

(18) 1973年6月14日，鄭自才被引渡回到美國。

(19) 1973年8月8日，法院判鄭自才5年企圖謀殺罪，5年唆使罪，同時執行，所以鄭自才被紐約法院判處有期徒刑5年。當時的律師仍是Mr. Victor Rabinowitz。

(20) 1975年4月底，鄭自才獲假釋，在美國坐牢20個月，12月返瑞典。

(21) 1976年12月2日，鄭自才與黃晴美離婚。

(22) 1977年8月，鄭自才與吳清桂在瑞典結婚，1983年移民加拿大溫哥華。

(23) 1991年1月4日，鄭自才回台，被拒入境，6月再回台，1992年以非法入境判處1年有期徒刑。

(24) 2004年9月26日，我訪問鄭自才當年的律師Mr. Rabinowitz，他已92歲高齡，仍記得「Abandonment」的理論，陪審團不接受。

(25) 2009年7月23日，我訪問當年起訴鄭自才的副檢察官Stephen J. Fallis，由於時隔多年，他多已不記得當年案情或「不便回答」。

〔附錄二〕
我的英文證詞摘要

The next witness was Cheng(*) Rong-chen, who is a college teacher at Northwestern State University of Louisiana. Mr. Chen said that he knew the defendant personally for about five or six years and they were both members of an organization called the World United Formosans for Independence; that the defendant was secretary or executive secretary of that organization and that he, the witness, was in charge of overseas liaison.

On February 28, 1970, Mr. Chen stated that he purchased a .25 caliber automatic Berretta Pistol in Shrevesport, Louisiana. He could not recall the exact date, but after being shown People's Exhibit 8, he affirmed that date. People's 8 is a firearm's transaction record that shows that Mr. Chen of Natchitoches, Louisiana, on February 28, 1970, purchased a .25 calibre automatic with serial number G42964 from Lorenz. He further testified that Shrevesport was about seventy-five miles from Natchitoches and when he went there he did not intend to buy a gun, but was just going shopping around and he bought food and also bought the gun. He also acknowledged that he bought ammunition for the .25 calibre automatic, fifty rounds, which is the amount that comes in one box of ammunition.

Upon being asked the purpose for his purchase of the gun he said target practice.

Mr. Chen also testified that two days thereafter, on March 2, 1970, he purchased the second pistol. This time it was a .22 calibre Baretta, which was purchased in Natchitoches, Louisiana at Gibson's Discount Store. This purchase is set forth in People's Exhibit 9, which shows that it was a .22 calibre pistol, bearing serial number 39445, sold to the witness by Gibson's.

He said he did not know whether he could have bought the .25 calibre pistol in Gibson's also, and though his testimony before the grand jury was read to him with respect to the purchases, at which time he said he could have bought the .25 calibre gun at Gibson's, at this trial he said that he didn't think he could have purchased the .25 calibre gun in Natchitoches.

He also stated that he purchased ammunition for the .22 calibre gun, one box, containing fifty rounds, and that his purpose for purchasing the gun was also for target practice and because people in town have guns in their home. He denied that anyone in his organization instructed him to buy the guns.

He testified that he came to New York around April 16, 17 or 18, by Delta Airlines and stayed two or three days; that he stayed at Mr. Cheng's place; that is , the defendant's apartment. Mr. Cheng having called for him at the airport and took him to the Cheng apartment.

That Mrs. Cheng was at home when they arrived. That there were two other persons in the apartment in addition to Mr. Cheng's two children; that Mr. Chen stayed overnight, but the other two men did not. He also testified that in addition to his luggage, he brought from Louisiana two pistols; that is, the two pistols which he had purchased in February and March; and that he also brought ammunition for both weapons, but the boxes were no longer full. There were thirty rounds in one and approximately forty rounds in the other; that he turned over the two pistols and the ammunition to Mr. Cheng, the defendant, in the living room of the defendant's apartment but no one else was present at the time.

He also said he explained to Mr. Cheng, the defendant, how to operate the pistols. People's Exhibit 10 is the .25 caliber automatic, which the witness identified as one of the two pistols that he gave to Mr. Cheng, the defendant. It bears serial number G42964. A good deal of time was spent in having the witness show how the gun is operated, but he demonstrated that he did not know the machinations of the gun and that examination would not press any further.

The witness stated that he spent four or five hours talking to the defendant on the evening that he arrived and that he only stayed at defendant's apartment one night and the next day he stayed at his brother's house.

He testified that he spoke to other members of the World United Formosan's for Independence mostly about a demonstration that was planned for the City of Washington on the following Monday, the day of the expected arrival in Washington of the Vice Premier of China, Mr. Chiang Ching-kho.

When asked if the defendant Cheng had asked him to purchase the guns he said no, he didn't, but when asked if he was requested to bring the guns with him to New York, he said it was his recollection that Cheng did ask him to bring the guns with him. He was not sure if he was asked to bring one or two guns, but he said, I suppose, one, no, I'm not sure. He didn't remember whether he was asked to bring one or two guns.

He also said he didn't know the purpose for which the guns were wanted and that he didn't ask the purpose nor did he ask why the guns couldn't be purchased in New York. In other words, he asked no questions relative to the purpose for which defendant Cheng wanted the guns.

He testified that he talked with the defendant over the telephone on a number of occasions and that he received a telegram around the 9th of February, 1970; that after that he called the defendant back and he may have called him again two days later on February 11, but he didn't remember what the conversation was about. He also acknowledged that he received money and that he received a check from time to time from the defendant of the organization.

He thought that he had paid for the guns out of his own money, but acknowledged that he had paid for the guns with a BankAmericard and that when he received checks from the organization, he deposited those checks to his account and he paid the BankAmericard bill from his account; so, he didn't know if he did get paid for the cost of the guns which were about sixty-nine or seventy dollars each.

He said the day after he slept at defendant Cheng's apartment he went to New Jersey and met a number of people, among whom was Peter Huang.

On cross examination he further explained the difference between Chinese and Taiwanese and explained further his involvement with the organization; that he had been associated editor of the Independent Formosan and its counterpart which is printed in Chinese; he also explained he did not know

the name of the two friends who were in the defendant's
apartment when he arrived; that they did not stay overnight
and that he, the witness, slept in the living room. Mr. and
Mrs. Cheng had a bedroom and the two children had another
bedroom.

〔附錄三〕
「四二四案」判決摘要

(Whereupon, the names of the jurors were called by the Clerk of the Court and each answered present.)

THE CLERK: All the jurors are present, your Honor.

Will the Foreman, Mr. O'Connor, please stand.

Mr. Foreman, have you reached a verdict?

THE FOREMAN: Yes, we have.

THE CLERK: What is your verdict? How say you as to the first count, attempted murder?

THE FOREMAN: Number 1, an attempt to commit the crime of murder, guilty.

Now the bottom one, Number 2, possession of a weapon.

Dangerous instrument and appliance, guilty.

That's all.

THE CLERK: All right, you may be seated.

Ladies and gentlemen of the jury, hearken to your verdict as it
stands recorded. You and each of you say, through your
Foreman, that you find the defendant, Tzu-Tsai Cheng,
guilty of second count of the indictment, posseasion of a
weapon as a felony, and so say you all.

MR. RABINOWITZ: I would like to ask the jury......

「四二四案」判決摘要

(隨後,法庭書記官一一點喚陪審員的名字,所有陪審員都出席了。)

書記官:法官閣下,所有陪審員都到齊了。
　　　　陪審團主席O'Connor先生,請站起來。
　　　　陪審團主席,您們做出裁定了嗎?

陪審團主席:我們做出裁定了。

書記官:你們的裁定是甚麼?關於第一項罪名,謀殺
　　　　未遂,成立嗎?

陪審團主席:第一項罪名,意圖謀殺未遂,成立。
　　　　　　第二項罪名,攜帶危險武器,成立。
　　　　　　以上。

書記官:好的,陪審團主席請坐下。
　　　　陪審團的諸位女士先生,您們所做的裁定,
　　　　如實記錄如下:
　　　　您們透過陪審團主席表示,被告鄭自才,攜
　　　　帶危險武器的第二項罪名成立。

RABINOWITZ先生:我要請陪審團……

〔附錄四〕
「424刺蔣事件」
—陳榮成先生首度接受採訪

（陳香梅採訪）

　　台灣留美學生黃文雄、鄭自才在紐約行刺蔣經國一事，震驚中外，通稱「424」。1970年4月24日當黃文雄準備開槍的那一剎那，被身旁的警察發現，警察劈了黃文雄的手肘，「砰」然一聲巨響—槍枝走火，隨後兩名警員將黃文雄撲倒在地。而當時正在示威群中發放傳單的鄭自才(黃文雄的妹婿)，從人群中跑出來打算救援黃文雄，於是兩人同時被美國警方逮捕。海外的台灣人為了營救黃文雄與鄭自才兩人，捐款四處湧進，好不容易湊足了美金九萬元及十一萬元的保釋金，才分別將兩人保釋出來。「刺蔣案」審理了一年多，陪審團判決兩人有罪；在1971年7月6日宣判那天，黃文雄、鄭自才兩人沒有出庭，棄保逃亡…。

　　這件事的內容真相，到現在尚未完全公開；陳榮成先生是直接或間接親身參與這件大事的一位勇士，希望經過榮成兄的敘述，能將一些重要的事實公開做一個紀錄。難得地，這是他第一次就「424事件」對外接受訪問；「台文通訊」非常感謝與榮幸有這個機會得以採訪他。

問：請你說明「424刺蔣事件」這個行動的時代背景。

榮：「424」不是孤立事件，在台灣島內，前仆後繼的反殖民、反蔣運動不斷，有蘇東啓事件、彭明敏事件、林水泉‧顏尹謨事件、台灣大眾幸福黨事件、鄭評等槍擊蔣經國未遂事件、白雅燦事件、中壢選舉舞弊事件、高雄美麗島事件…等。獨裁下的台灣，政治、經濟、文化氣氛低迷，台灣處於聖經上，以色列人受外族迫害般地無奈；國民黨告訴台灣人「我們都是中國人」，但實質裡，如日前馬英九對原住民說：「我把你們當人看」一樣，國民黨從沒把台灣人當人看。228台灣精英被大屠殺，造成台灣精英斷層，獨裁者接著告訴百姓：「台灣人，沒人才」，許多台灣人亦信以為眞，甘受各界中上階層，都是從中國來的所謂「外省人」被指派來卡高位；後起之秀的台灣人沒經濟出路，沒伸展抱負的空間，於是「出國」變成台灣人希望爭取「出走」的目標。那時候有一句話很流行：「來來來，來台大；去去去，去美國」。

當時美國的台獨聯盟主席蔡同榮曾致函給美國總統尼克森，要求美國停止對蔣家政權的援助。1970年3月，蔣經國將出訪美國爭取美援的計劃一經報紙披露，留學美國的台灣學生圈裡有人表示要給蔣經國一點警告；美國各地的台獨聯盟成員也在蔣經國所到之處舉行多場示威遊行。啊！苦悶的台灣人，當時若是有公平的競爭機會，何需拿刀舉槍、用武力來抗爭？經過國民黨的50年統治，即使到

現在政權和平轉移，台灣人仍然處於弱勢，如社會福利還是非常不公平…。

問：依照你所了解，這個行動預定的目的和效果是什麼？

榮：之前台獨聯盟的預定計劃是：「不排除在台灣島內進行武力抗爭」，並不是要在美國進行武力抗爭。目的是要打擊蔣家政權，雖然到現在仍沒有任何檔案公開說明蔣經國要繼承蔣介石，但家天下的蔣家政權是不爭的事實，當時的蔣介石身體已經是來日不多，倘若能刺殺他的繼承人，也刺激到蔣介石跟著一命嗚呼——一箭雙鵰。構想那時台灣一定會開始內亂，軍部必反，若軍部奪權，就一定要和佔大多數的台灣人合作，如伊朗的方式，也就是以武力來轉移政權。政治的演進，由獨裁轉為民主，通常是要付出代價的；這個代價可能是革命，但是也可能像台灣這樣，對於舊獨裁政治勢力的妥協、和稀泥，反而會被復辟勢力全面反撲。經濟因素、國際因素、歷史因素…，各個層面都值得我們台灣人好好地深思。

問：請你說明這個行動計畫與準備的經過，和你在這個計劃／行動裡面的角色。

榮：1969年7月4日，全美台灣獨立聯盟於芝加哥附近召開第二屆盟員大會，並改選第三任主席，結果蔡同榮以高票當選，鄭自才是執行秘書，海外聯絡部由我負責。

　　我深信蔣家政權必亡，但何時才能實現呢？我亦認爲不能只是紙上談兵，一定要有實際行動。剛好我所任教的大學裡有一位當過越南特工隊士官長，他常在課餘談起他在越南如何訓練游擊隊…，但是有教練，誰來執行呢？來美的留學生都是中規中矩的斯文人，我自己則是黑名單人物，動彈不得；左思右想，最後我決定先購買兩支手槍以作爲訓練的工具，至於槍手，我則被建議到巴西尋找。

　　1960年代，台灣人約有三至五萬人移民巴西，在人數上可說是獨立聯盟吸收盟員的好地方；1969年7月，我利用學校放暑假期間到巴西訪問45天，結識了許多關心台灣前途的各色人物；我幫忙組成巴西的台灣獨立聯盟，周叔夜擔任第一屆主席，他是現任台灣駐巴西代表。當時我找到六位認爲台灣應該獨立的熱血青年，志願來美國受訓，但龐大的經費不是聯盟所能負荷，故一直在畫餅充飢的階段。

　　那時候，當得知蔣經國要來美國的消息，蔡同榮主席曾打電話給我，商談與暗示我們需要有所行動，但是我認爲一切尚未就緒而堅決反對；經過一段時間，鄭自才提出他要負責一部分海外聯絡部的工作，要我辦理移交，於是我交出一些文件與槍枝、子彈；我確實不知道，4月24日他們決定倉促行事。

　　問：請你說明手槍的來源和得到槍枝的經過，是何款式的槍？

榮：我決定購買兩支手槍以作為訓練的工具後，在路州於1970年2月28日購買點25 caliber Beretta手槍及子彈一盒(50粒子彈)，登記號碼G42964，3月2日購買點22 ca1iber Beretta短槍及子彈一盒(50粒子彈)，登記號碼為39445；兩枝手槍皆登記在我的名下，也都是用聯盟的錢購買的。

問：請說明「424」行動發生後，你個人所經過的法律方面的困難。

榮：鄭自才曾提及，「要證明我有罪，唯一的證人就是陳榮成」。他要蔡同榮打電話給我，要我立即離開路州，他的理由是：警方若找不到我，鄭自才就定不了罪。如此說法，合乎邏輯嗎？ 再說當時的蔡同榮也受聯邦調查局的監視，所以蔡同榮若打電話給我，他就是自投羅網。同時，FBI已掌握鄭自才4月22日另外在紐約的北邊小城Peekskill購買子彈的登記證據，和我在路州購買槍枝與子彈的登記資料，所以紐約市警局探員James Ziede及FBI早已預先在我的學校辦公室附近包圍，並要我就擒；檢方以為從我的口中能得知背後有組織的參謀群，亦可以一網打盡。為了顧全聯盟並把損失減到最低，我爭取警方的信任，答應到紐約作證。

不料鄭自才竟把鄉親對他們兩人為何「棄保潛逃」的質疑，歸咎於「因為陳榮成全盤托出不利證詞─出賣同志；致使黃、鄭兩人被判重罪，所以他們才會決定棄保逃亡」。據我所知，黃文雄承認自己有罪，至於鄭自才，並

沒有武器而判重罪，我一直覺得很納悶，也懷疑鄭自才這些年來的受訪文章、影片，為何一直沒提到真正被判罪的前因後果。

　　鄭自才的審判案，全部證人的證詞共約950頁，我的證詞在837~842頁，共6頁。作證內容提及：

　　(1)Q：是鄭自才指派你去買槍嗎？

　　　A：不是的，我是用我的信用卡自己買的。

　　(2)Q：你在何時、何地購買手槍和子彈？

　　　A：(前題已說明)

　　(3)Q：你買槍作何用途？

　　　A：我買槍是練習性質。

　　(4)Q：鄭自才要求你把手槍帶到紐約去給他嗎？

　　　A：是的，但我不記得他要一枝或兩枝，故我帶兩枝槍和子彈去給鄭自才。

　　(5)Q：你有沒有問他要槍的目的？

　　　A：我完全沒有過問他要槍的目的。我不知道鄭自才為何不自己在紐約購買手槍，而要我從路州把槍送到紐約給他。

　　問：這件事對你個人和你的家庭影響如何？

　　榮：424事件對我的一生影響甚深，愛台灣的心被冤枉了近40年，各報章雜誌三番兩次對我的侮蔑，使我有如「啞吧吃黃蓮」，挫敗、沮喪。因為我疼惜曾經為了台灣而一輩子犧牲、受難的同志，所以從未出面辯解。事隔38

年，今天是我第一次接受訪問。

當時我與妻小以為再也不能踏上故鄉的土地了，憂傷之際，我們痛定思痛，決定調整生活方式，自我放逐、流浪異鄉，打算在美國長住下來，從此把對台獨運動的熱度埋在心裡，長期復健並坦然接受，隱居在路州的一個小鎮：Natchitoches。

問：照你的看法，「424」的行動對台灣獨立運動和對台灣政治歷史的影響是什麼?

榮：424歷史性的一槍，驚醒了國民黨統治者，也喚醒了沈默許久的台灣人，雖然未能結束蔣家政權，卻讓全世界知道台灣人對蔣家政權的唾棄。

這次刺殺行動雖然失敗了，但是給國民黨的蔣家政權一個大大的警惕。蔣經國返台後，為避免被暗殺的歷史重演，自此不敢再踏出國門。兩年後，1972年，接任行政院長的蔣經國，極力推動所謂的「吹台青」政策，開始起用台籍政治菁英：謝東閔、林洋港、李登輝、邱創煥、施啓揚等獲重用，被稱為台灣「本土化」的開始。從歷史的觀察，不難了解「刺蔣案」的歷史意義，我們不以成敗論英雄，不以政權論是非，當年犧牲個人大好前程的英雄，到今日的民主轉型，人民享受民主的成果；現在雖然台灣意識普遍提高、邁向本土化；但日前的立委選舉結果，真讓人憂心民主失衡，台灣將陷於危機；台灣人要團結啊！以「本土」為主體，鼓勵大家投下神聖的一票給台

灣。

問：38年後，你的感想？

榮：啊！38年了，心裡仍然感到有許多不公平，希望
我們對台灣的愛和熱情要理性；現在我仍和30幾年前的看
法一樣，「424」客觀條件不成熟、訓練不夠、計劃不周
全、血氣方剛、有勇無謀，導致受害者犧牲太大，付出代
價太高，包括提供抵押品的多數家庭。「424」的後果，
借家母的一句話，「要做代誌，要擔輸贏。」

在不久的將來，我會出書把我所經歷事實的真象公
諸於世，以對歷史負責。假使鄉親對我有任何問題，請
E-Mai1到fumei@cp-tel.net，我會把大家想知道的答案補
充在新書裡。

（原載《台文通訊》）

〔附錄五〕
誰證明鄭自才有罪？

陳榮成／2007-06-26

這是我對「四二四」事件公開和大家從頭說起的第一次。

今年是四二四事件37週年，這30幾年來，大家都聽片面之詞，我一直沒向大家講到這事件，有三大原因：

(1)因為對鄭自才來說，他的犧牲很大，至於鄭自才對我無理的控訴，我也不去計較，以保持台灣人對他的好印象。

(2)牽涉到美國法律問題。

(3)不願個人的英雄行為，將「台灣獨立聯盟」被美國政府列為非法暴力組織，中了國民黨的計。台灣獨立運動，聯盟為台灣前途向前邁進，不是其他在海外的任何組織可以比美，很多組織是曇花一現。

1969年7月4日，全美台灣獨立聯盟於芝加哥附近召開第二屆盟員大會，並改選第三任主席。當時的張燦鍙、羅福全、陳隆志及我支持蔡同榮出任主席，而王秋森等人則支持專職盟員的賴文雄，結果蔡同榮以高票當選聯盟第三任主席，海外聯絡部由我負責。

　　我於1970年2月28日購買點25 caliber Beretta手槍及子彈一盒(50粒子彈)，登記號碼G42964，3月2日購買點22 caliber Beretta手槍及子彈一盒，登記號碼＃39445，這兩支槍都是用聯盟的錢購買的。 3月知悉國民黨特務頭目蔣經國來美，蔡同榮等認為我應有所行動，當時我積極反對，因為時機、槍手都不成熟，而且不贊成在美國做這種舉動。

　　4月初，鄭自才來電，說明他將承擔海外聯絡部的任務，要我交回所有的文件，包括那兩支聯盟出錢買的手槍。鄭自才宣稱他做成決定後，我才接到指令，負責提供作案所需的武器，完全是片面之詞。

　　4月17日，我搭乘Delta Airlines到New York，在鄭自才家過夜，將文件及兩支手槍交給鄭自才，並示範如何使用該兩隻手槍，囑咐他該兩隻手槍有登記，除了做練習用，不可有其他用途。當時也交出一盒30粒子彈，一盒40粒子彈。

　　後來我到胞弟陳榮仁處過夜。4月24日那天的示威遊行，胞弟也參加。

　　我於19日回路州。回路州後，我一直沒接到任何消息。4月24日中午，黃文雄開槍，鄭自才也被捕的刺蔣新聞在CBS電視播放。在《共和國》雜誌54期的封面故事(2007年5月號，第16頁)，鄭自才承認：「看到黃文雄被制伏於地，我就走過去，我若無過去，我可能ma無代誌。」這是「四二四事件」六大致命傷之一。

　　當黃文雄的手槍被紐約市警局探員James Ziede拿取時，他看到手槍的登記號碼G42964(法院證人證詞第849頁)，所以聯邦調查局很快就到我的辦公室找我。

　　在封面故事第17頁，鄭自才提及，「證明我有罪，唯一的證人就是陳榮成」，他要蔡同榮打電話給我，要我趕緊離開路州，但當時的蔡同榮也受聯邦調查局的監視，所以蔡同榮若打電話給我，他算是自投羅網。

　　紐約市警局探員James Ziede及另外一位警察恐怕我逃脫或不就擒，事先已在我的辦公室附近設局。我答應到紐約作證。

　　鄭自才審判案全部證人證詞共約950頁，我的證詞是從837頁至842頁，總共六頁。當中提及手槍及子彈的購買日期及地點。我否認聯盟指派我買槍。我購買槍，完全是練習性質。

　　Harold Flynn，他是封面故事第14頁鄭自才所說的紐約上州槍店的經營者，他作證說：1970年4月22日的上午十點到中午十二點之間，有位東方人帶一顆子彈走入他的店內，要購買一盒點25子彈，但要購買該子彈，需是已註冊的手槍，所以Mr. Flynn問這位東方人有否手槍執照，這位東方人說他沒有手槍執照。這位東方人又詢問他是否能購點22子彈。Mr．Flynn要求這位東方人的汽車駕駛執照，登記購買的記錄，他登記鄭自才購二盒點22子彈，每盒50顆子彈，共100顆子彈。Mr. Flynn 指認被告就是這位東方人。

　　Mr. Flynn說被告走出店門後,他馬上打電話給當地的警局探員備案,因為他認為這交易有點不對勁。

　　關於誰證明鄭自才有罪,在此已可窺見端倪。我個人希望在可預見之將來,向讀者進一步報告個人所知的「四二四」真相。

　　現在我仍和30幾年前的看法一樣,「四二四」客觀條件不成熟,計劃不周全,致使受害者犧牲太大,包括提供抵押品的多數家庭。「四二四」的後果,借家母的話:「要做代誌,要擔輸贏。」

參考資料

一、 SUPREME COURT: STATE OF NEW YORK Ind. 2579-70 全檔案939頁。

二、陳銘城著,《海外台獨運動四十年》,自立晚報文化出版部出版,1992年。

個人認爲這本《海外台獨運動四十年》是一本相當有份量和客觀且正確的書籍,相當佩服陳銘城先生爲了完成此本書,不辭辛苦四處尋求當事者的印證。雖然當時受限於政治環境和法律文件,無法於當時一一說明,但此本資料已算完整。

美國「台灣問題專家」柯喬治，二十多年的實際觀察與學術研究結晶。以第一手資料及自由主義者的觀點與關懷，描繪1941～1960之間被視爲戰利品的台灣在美國與中國的拉扯下，由於自由意識與力量的闕如而導致的悲劇命運。本書不只客觀詳實的解析二二八事件的文化、政治、社會的結構性因素，更提供當代台灣人進一步思考自己的命運與未來發展的歷史認知及國際視野。

書號：J009 定價：NT300
柯喬治—著 陳榮成—譯

《被出賣的台灣》

自己的護國神書自己讀
快讀《被出賣的台灣》，別讓台灣被出賣

書號：Z133 定價：NT300
朴仔腳人—著

誰是「朴仔腳人」？朴仔腳人＝陳吳富美，「台南府城的草地人」。她於1969年成爲「先生娘」，丈夫是陳榮成博士，柯喬治名著《被出賣的台灣》漢文版原始譯者。陳榮成是嘉義朴仔腳人，所以她以「朴仔腳人」做筆名。她「相夫教子」，育有三女一男，又賺到三個傑出外國女婿，還有幾個可愛小外孫，可喻「神仙家庭」。《銅屋雜集》中有他們一家溫馨有趣的紀事。

《銅屋雜集》

集豁達的人生觀、健康的養生觀、
聰明的理財觀、共和國的家庭觀等等於一書

書號：Z146 定價：USD19.99
by Fu-mei Chen & Patricia Chen

Self-help Acu-Hematite is an effective method to take good care of yourself with your own hands by hematite stone(s) which can be obtained free of charge from "Kerr Acu-Hematite Foundation".It is also the starting point for pain relief treatment alternative without medicine. This book contends an easy-to-understand glossary of the terms to describe the authors experiences for overcoming the arthritic pains, back pains, diabetes alert and weight problems.This book is not hard-to-follow to get yourself a head start!

《Self-Help Acu-Hematite Therapy》

Now we have limited resources to spend on our medical bills.

Kerr Acu-Hematite Foundation

303 Blanchard Rd. Natchitoches, LA 71457
Or
71 Chestnut St. # 1, Boston, MA 02108
E-mail Address: fumeichenla@gmail.com
Blog Site: healinghematite.blogspot.com

QTY	Book Title	Unit Price	Amount
	Self-Help Acu-Hematite Therapy 《穴位赤鐵礦石自療手冊》	$19.99	
	Brass House Collection 《銅屋雜集》	$14.99	
	Two Hematite stones in Velvet Bag First come, first serve, while it lasts.	Free, limit Two sets	
	Add Donation		
	Freight will be added inside your order, when we send it out.		
We accept only Visa or Master Card			

Name:

Address:

Home Telephone #:

Cell Phone #:

Credit Card #:

Expired date: MM/YY

Zip Code for this credit card:

Where do you want this package to be sent, if different from above address:

Since we do not have platform to fundraise, your donation is appreciated. We accept Visa or Master Card only. Your statement will show that you paid to Brass House, Inc. We will send you the statement for your tax-exemption if you donated to Kerr Acu-Hematite Foundation. We will send your order out within one week. If you are not satisfied, we will refund you for the amount of the book(s) you ordered.

國家圖書館出版品預行編目資料

我所知的四二四事件內情 / 陳榮成著.
--初版.--臺北市：前衛，2014.10
176面；15×21公分

ISBN 978-957-801-754-2(平裝)
ISBN 978-0-9903881-0-4(精裝，美國發行)

733.293   103019325

我所知的四二四事件內情

著　　者　陳榮成
責任編輯　蕭景文、番仔火、陳淑燕
美術編輯　宸遠彩藝
出 版 者　前衛出版社
　　　　　10468 臺北市中山區農安街153號4F之3
　　　　　Tel：02-25865708　Fax：02-25863758
　　　　　郵撥帳號：05625551
　　　　　e-mail：a4791@ms15.hinet.net
　　　　　http://www.avanguard.com.tw
出版總監　林文欽
法律顧問　南國春秋法律事務所林峰正律師
總 經 銷　紅螞蟻圖書有限公司
　　　　　臺北市內湖舊宗路二段121巷19號
　　　　　Tel：02-27953656　Fax：02-27954100
出版日期　2015年02月初版一刷
定　　價　平裝 NTD 250元
　　　　　精裝 USD 15.95元

©Avanguard Publishing House 2015
Printed in Taiwan　ISBN 978-957-801-754-2 (平)
　　　　　　　　　ISBN 978-0-9903881-0-4 (精)

＊「前衛本土網」http://www.avanguard.com.tw
＊請上「前衛出版社」臉書專頁按讚，獲得更多書籍、活動資訊
　http://www.facebook.com/AVANGUARDTaiwan